Marc Schneider

Der "Zehnte" - ein Stolperstein?!

Marc Schneider

Der "Zehnte" - ein Stolperstein?!
Hintergründe und Perspektiven

Fromm Verlag

Impressum / Imprint

Bibliografische Information der Deutschen Nationalbibliothek: Die Deutsche Nationalbibliothek verzeichnet diese Publikation in der Deutschen Nationalbibliografie; detaillierte bibliografische Daten sind im Internet über http://dnb.d-nb.de abrufbar.
Alle in diesem Buch genannten Marken und Produktnamen unterliegen warenzeichen-, marken- oder patentrechtlichem Schutz bzw. sind Warenzeichen oder eingetragene Warenzeichen der jeweiligen Inhaber. Die Wiedergabe von Marken, Produktnamen, Gebrauchsnamen, Handelsnamen, Warenbezeichnungen u.s.w. in diesem Werk berechtigt auch ohne besondere Kennzeichnung nicht zu der Annahme, dass solche Namen im Sinne der Warenzeichen- und Markenschutzgesetzgebung als frei zu betrachten wären und daher von jedermann benutzt werden dürften.

Bibliographic information published by the Deutsche Nationalbibliothek: The Deutsche Nationalbibliothek lists this publication in the Deutsche Nationalbibliografie; detailed bibliographic data are available in the Internet at http://dnb.d-nb.de.
Any brand names and product names mentioned in this book are subject to trademark, brand or patent protection and are trademarks or registered trademarks of their respective holders. The use of brand names, product names, common names, trade names, product descriptions etc. even without a particular marking in this work is in no way to be construed to mean that such names may be regarded as unrestricted in respect of trademark and brand protection legislation and could thus be used by anyone.

Coverbild / Cover image: www.ingimage.com

Verlag / Publisher:
Fromm Verlag
ist ein Imprint der / is a trademark of
OmniScriptum GmbH & Co. KG
Heinrich-Böcking-Str. 6-8, 66121 Saarbrücken, Deutschland / Germany
Email: info@frommverlag.de

Herstellung: siehe letzte Seite /
Printed at: see last page
ISBN: 978-3-8416-0576-4

Copyright © 2015 OmniScriptum GmbH & Co. KG
Alle Rechte vorbehalten. / All rights reserved. Saarbrücken 2015

Inhaltsverzeichnis

1. Prolegomena 3
   1.1 Über Geld spricht man nicht 3
   1.2 Die Bibel und das liebe Geld 5
   1.2.1 *Geld und Reichtum als Segen* 5
   1.2.2 *Geld und Reichtum als Gefahr* 6
   1.2.3 *Kritik an Geld und Reichtum* 6
   1.2.4 *Jesu Umgang mit Geld und Reichtum* 7
   1.2.5 *Fazit* 7

2. Der „Zehnte" (מַעֲשֵׂר) 8
   2.1 Eine semantische Analyse 8
   2.2 Alttestamentliche Zeugnisse 9
   2.2.1 *Gen 14,18-20: Die Gabe des Zehnten von Abraham* 9
   2.2.2 *Gen 28,16-17.22: Der Zehnte des Jakob in Bethel* 10
   2.2.3 *I. Sam 8,13-17: Der Zehnte für den König* 10
   2.2.4 *Dtn 12,6-7.11-12.17-18: Der Zehnte zur Selbstversorgung* .. 11
   2.2.5 *Num 18,20-21.26-27: Der Zehnte zur Priesterversorgung* ... 12
   2.2.6 *Amos 4,4-5: Prophetischer Protest gegen den formalen Zehnten* 13
   2.2.7 *Maleachi 3,8-10: Das Geben des Zehnten bringt Segen* 13
   2.3 Neutestamentliche Zeugnisse 14
   2.3.1 *Mt 23,23: Jesu Protest gegen den formalen Zehnten* 14
   2.3.2 *Lk 18,11-12: Der Zehnte als vermeintliche Rechtfertigung* .. 15
   2.3.3 *Hebr 7,4-10: Der Zehnte als Ehrung eines himmlischen Priesteramtes* 15
   2.4 Ein kleiner historischer Abriss 17
   2.4.1 *Entwicklungen im Judentum* 17
   2.4.2 *Entwicklungen im Christentum* 18

3. Muss oder darf ich den „Zehnten" geben? ... 20
3.1 Unterscheidung von „Gesetz und Evangelium" ... 20
3.2 Die Prinzipien „Freiheit" und „Einheit" ... 21
3.3 Formalie vs. Herzenshaltung ... 23
3.4 Geben birgt Verheißungen ... 26

4. Theologische Wertung und kritische Würdigung ... 29
4.1 Zusammenfassung ... 29
4.2 Kritische Würdigung ... 31
4.3 Sieben Thesen für die Kommunikation in die Gemeinde ... 34

Anhang: Drei Predigten zum Thema „Christsein und Finanzen" ... 35
Christsein – und das Verhältnis zum lieben Geld! (Haggai 1,2-10) ... 35
Lass dein Geld übers Wasser fahren! (Prediger 11, 1-5) ... 41
Gott zählt nicht, Gott wiegt! (Markus 12,41-44) ... 47

Literaturverzeichnis ... 53

Bibelzitate folgen i. d. R. der Übersetzung Lutherbibel, revidierter Text 1984, durchgesehene Ausgabe, © 1999 Deutsche Bibelgesellschaft, Stuttgart.

Weitere verwendete Übersetzung ist der Bibeltext der Neuen Genfer Übersetzung – Neues Testament und Psalmen, Copyright © 2011 Genfer Bibelgesellschaft.

Wiedergegeben mit freundlicher Genehmigung. Alle Rechte vorbehalten.

1. Prolegomena

1.1 Über Geld spricht man nicht

„Über Geld spricht man nicht, man hat es."[1] Dieses Zitat ist in seiner Kurzform: „über Geld spricht man nicht", zu einer Art Volksweisheit geworden, die in fast allen Bezügen des menschlichen Zusammenseins ihre Gültigkeit hat. „Die lieben Kollegen kennen jedes Detail der Scheidungsklage und wissen alles über die Alkoholexzesse der Tochter – aber nicht, was der Zimmernachbar verdient."[2] Eine andere Volksweisheit besagt, „beim Geld hört die Freundschaft auf"[3]. Wer überdurchschnittlich verdient, fürchtet die Missgunst der anderen, wer unterdurchschnittlich verdient, schämt sich. Unterm Strich, das Thema Geld und Finanzen ist eine Angelegenheit, über die im gesellschaftlichen Kontext nur mit großen Hemmungen gesprochen wird – die oft sogar ein Tabuthema ist.

Ähnliches gilt, wenn auch nicht analog, in unseren freikirchlichen Gemeinden. So ist es die Erfahrung des Autors, dass auch hier das Thema Geld und Finanzen ein eher sensibles Thema ist und das Gespräch darüber oft nur mit großen Hemmungen und so mancher Verkrampfung geführt wird. Als evangelische Freikirche erhält der BEFG[4] (respektive jede Ortsgemeinde) keine Kirchensteuern, sondern finanziert seine Arbeit aus freiwilligen Spenden. Jedes Gemeindemitglied verpflichtet sich, im Rahmen seiner Begabungen und Möglichkeiten: sich am Gemeindeleben zu beteiligen, gottesdienstliches Leben mit zu gestalten, die gewählten geistlichen Verantwortungsträger zu achten und die Arbeit der Gemeinde finanziell mitzutragen.[5] Letzteres ist dabei nicht geregelt, sondern lässt der Vielfalt an Interpretation Raum.[6] Dennoch existiert eine Art unausgesprochene Erwartung (von Generation zu Generation mündlich tradiert), den freiwilligen Gemeindebeitrag am biblischen *Zehnten* zu orientieren. Allerdings – das Wissen um den *Zehnten* ist in der jüngeren Generation zu einem großen Teil verloren gegangen, oder oft nur noch eine Normalitätskonstruktion, der im

---

[1] Jean Paul Getty (1892-1976), amerik. Ölindustrieller und Milliardär.
[2] http://www.spiegel.de/unispiegel/jobundberuf/tabuthema-gehalt-ueber-geld-spricht-man-nicht-a-652626.html
[3] Verfasser unbekannt.
[4] Bund Evangelisch-Freikirchlicher Gemeinden in Deutschland K.d.ö.R.
[5] Vgl. Am Beispiel der Ordnung der Evangelisch-Freikirchlichen Gemeinde Neubrandenburg [§3(8)] 3.
[6] Im Leitbild des Bundes Evangelisch-Freikirchlicher Gemeinden heißt es: „Unsere Haushalte bestreiten wir aus freiwilligen Beiträgen unserer Mitglieder." Vgl. Leitbild des Bundes 36.

unreflektierten und vorauseilenden Gehorsam, gern auch Zähne knirschend, nachgegeben wird. Lachmann schreibt dazu:

> „In einem Gespräch sagte mir neulich jemand: ‚Als ich Student war, da war es noch leicht, den Zehnten zu geben; da waren das kaum 100 DM im Monat. Jetzt, wo ich gut verdiene, fällt mir das Zehntgeben so schwer – jetzt sind es mehr als 500 DM.' Daraufhin hat ein Freund erwidert: ‚Du kannst ja Gott bitten, daß dein Gehalt gesenkt wird, so daß dein Zehnt nicht mehr so hoch ist.'"[7]

Das Zitat beinhaltet nicht nur „Galgenhumor", sondern macht auch deutlich, wie existenziell mitunter die Frage nach dem *Zehnten* behandelt wird. Bisweilen treibt die Unsicherheit in dieser Frage Christen sogar in seelsorgliche Nöte. Aus dem Gemeindealltag weiß der Autor zu berichten, dass aufgrund von Sorge, bei einer verbindlichen Gemeindemitgliedschaft den Zehnten geben zu „müssen", eine Entscheidung zugunsten einer Aufnahme in die Gemeinde lange aufgeschoben wurde. Andere wiederum, für die der Sachverhalt keine Frage darstellt, sondern Normalität ist, werben auch gern darum den Zehnten selbstverständlich auch vom Brutto zu geben – schließlich wolle man ja auch Gottes „Brutto-Segen" und keinen „Netto-Segen". Die Bandbreite zu diesem Thema in unseren Gemeinden (von links außen bis rechts außen) wie der „freiwillige" Gemeindebeitrag auszusehen hat, ist groß und bunt. Besonders tragisch ist es jedoch, wenn in diesem Bereich auf der einen Seite ein Überbieten der Frömmigkeit einhergeht und auf der anderen Seite, Traditionen, Gruppendruck und Gehorsamszwänge zu Angst und Schuldgefühlen in der Gemeinde führen und geschwisterliches Miteinander belasten.[8]

Welcher Legitimation entspringt der *Zehnte*? Inwieweit kann der *Zehnte* als Hintergrund freikirchlicher Gemeindefinanzierung kommuniziert werden? Welchen Gefahren setzten wir uns mitunter aus, wenn wir ihn allzu fordernd von unseren Mitgliedern erwarten? Welchem Segen berauben wir uns mitunter, wenn wir uns dem biblischen *Zehnten* entziehen? Der „Zehnte" – Stolperstein oder Sprungbrett?

„Über Geld spricht man nicht, man hat es." Da wir kein Geld haben – zumindest oft nicht genügend, um all unsere Wünsche und Träume fürs

---

[7] Lachmann, Geld – und wie man damit umgeht 66.
[8] Einschlägige Fachliteratur spricht in diesem Zusammenhang auch von sog. „ekklesiogenen Neurosen" (Schaetzing), die ein typisches Resultat für kirchgemeindlichen Dogmatismus und den daraus resultierenden Zwängen sind. Vgl. Wahl, Neurose 685.

Reich Gottes auf Erden zu realisieren, – oft auch nicht genügend um Hauptamtliche anzustellen - müssen wir über Geld sprechen, und zwar unverkrampft und ohne Hemmungen!

1.2 Die Bibel und das liebe Geld

Wenn wir heute vom biblischen *Zehnten* sprechen, dann sprechen wir in aller ersten Linie vom Geld. Die Bibel ist voll von Geschichten, in denen Geld eine wichtige Rolle spielt. So ist z.B. im Neuen Testament mehr von den Gefahren des Geldes die Rede als von Sexualität. Dennoch ist das Thema „Geld und Finanzen" in Gemeinden oft ein Tabu. Nimmt man die Bibel als Ganzes in den Blick, dann fällt auf, dass sie recht ambivalent zum Thema Geld steht.

1.2.1 Geld und Reichtum als Segen

Alttestamentliche Texte können ganz unbefangen und positiv von Geld und Reichtum sprechen. So steht etwa ganz nüchtern und feststellend in Gen 13,2: *„Abram aber war sehr reich an Vieh, Silber und Gold".* Offenbar sogar so reich, dass sich Abraham und Lot trennen mussten (Gen 13). Aber auch Abrahams Verwalter spricht ganz selbstverständlich von dem Reichtum seines Herrn in Gen 24,35: *„Und der Herr hat meinen Herrn reich gesegnet, dass er groß geworden ist, und hat ihm Schafe und Rinder, Silber und Gold, Knechte und Mägde, Kamele und Esel gegeben."* Ähnlich heißt es im verklärten Rückblick auf das goldene Zeitalter Salomos in 1. Kön 10,23: *„So war der König Salomo größer an Reichtum und Weisheit als alle Könige auf Erden."* Dass Reichtum im AT nicht als Ergebnis eigener Initiative oder eigenen Glücks gesehen wird, sondern vielmehr als Segen und Gabe Gottes verstanden wird, belegen auch die Sprüche: *„Der Segen des Herrn allein macht reich, und nichts tut eigene Mühe hinzu"* (Spr 10,22). Dennoch findet sich auch Gegenteiliges in den Sprüchen, was wiederum die Ambivalenz des Themas aufzeigt: *„Wo man arbeitet, da ist Gewinn"* (Spr 14,23).[9]

---

[9]Vgl. Kessler, Reichtum: http://www.bibelwissenschaft.de/wibilex/dasbibellexikon/lexikon/sachwort/anzeigen/details/reichtum-at-3/ch/44b1b73d8bf3eea3037237c8965fb6d3/.

1.2.2 Geld und Reichtum als Gefahr

In ein schiefes Licht gerät Geld und Reichtum immer dann, wenn er seinem Besitzer Anlass zur Sorge gibt, ihn wieder zu verlieren. So heißt es in Pred 5,11: *„[...] die Fülle lässt den Reichen nicht schlafen."* Als besonders gefährlich wird Reichtum dann eingestuft, wenn er in Geldmitteln besteht, denn so weiß der Prediger Salomo zu berichten: *„Wer Geld liebt, wird vom Geld niemals satt, und wer Reichtum liebt, wird keinen Nutzen davon haben."* (Pred 5,9) Das Ideal der Weisheit kommt daher zu dem Schluss, dass weder Reichtum noch Armut für den Menschen erstrebenswert seien, denn so heißt es beim weisen Agur: *„Armut und Reichtum gib mir nicht; lass mich aber meinen Teil Speise dahinnehmen, das du mir beschieden hast."* (Spr. 30,8) Die finale Erkenntnis der Weisheit, belegt durch den Prediger als auch die Sprüche Salomos, liegt in der Betonung, dass es Wichtigeres gibt als Reichtum. So vertraut der, der nur auf Geld vertraut, letztlich auf die Nichtigkeit des Lebens, denn: *„wer sich auf seinen Reichtum verlässt, der wird untergehen [...]"* (Spr. 11,28).[10]

1.2.3 Kritik an Geld und Reichtum

Die Bibel warnt nicht nur vor der Gefahr des Geldes und des Reichtums, sondern sie kennt sogar eine dezidierte Kritik. So wird Reichtum immer dann kritisch beurteilt, wenn er auf Kosten anderer erworben wird und steht in einem breiten Traditionsstrom prophetischer und weisheitlicher Texte bei Jeremia und Jesaja. Besonders hervorzuheben sind sowohl die Wehe-Rufe Jesajas über die, *„die ein Haus zum anderen bringen und ein Acker an den anderen rücken"* (Jes 4,8) als auch die Sozialkritik des Propheten Amos, der vor allem die Reichen kritisiert, denen das Schicksal der Armen egal ist und drastische Worte findet, indem er von *„fetten Kühen"* spricht, *„die den Geringen Gewalt antun und die Armen schinden"* (Amos 4).[11]

---

[10] Vgl. a.a.O.
[11] Vgl. a.a.O. und Vieweger, Geld ist wie Meerwasser 16.

1.2.4 Jesu Umgang mit Geld und Reichtum

Schauen wir ins Neue Testament, dann können wir feststellen, dass auch Jesus keine allgemeinen Handlungsmaxime aufstellt, wie sich Christen nun konkret zum Thema Geld und Reichtum verhalten sollen. Zum einen kann Jesus einen reichen jungen Mann mit dem Rat, alle seine Güter zu verkaufen und den Armen zu geben wegschicken (Mt 19,16-26). Zum anderen hat Jesus offenbar kein Problem damit, dass eine Frau ein Jahresgehalt für kostbares Öl ausgibt, um ihn damit zu salben (Mk 14, 3-9; Lk 7,36-50). Den kritischen Stimmen, dass eine solche Tat doch mehr als Verschwendung und Prasserei sei, begegnet Jesus mit Abweisung. Außerdem: In Sachen Steuern verweist Jesus auf römisches Recht (Mk 12,13-17) und er lehnt es ab, in einer privaten Erbstreiterei Partei zu ergreifen (Lk 12,13-15). Jesus geht es also weniger um die Frage, wie sieht ein exakter Umgang mit Geld aus, als vielmehr um die Frage, wie das Verhältnis eines Menschen zu Gott charakterisiert ist.[12]

1.2.5 Fazit

„Wohl keiner der von Menschen geschaffenen Gegenstände ist so faszinierend und so komplex wie das Geld."[13] Dennoch, hat die kurze und einführende Auseinandersetzung (s.o.) gezeigt, dass das Verhältnis der Bibel zum Geld komplex ist und es weder glorifiziert noch geächtet werden kann. Gleichwohl, dort wo in einer multifunktionaldifferenzierten Gesellschaft die Omnipotenz Gottes durch die Omnipotenz des Geldes ersetzt wird, braucht es einen prophetisch-mahnenden Imperativ. Ein Paradigma dafür, ist die Geschichte, die Jesus vom reichen Kornbauern erzählt (Lk 12,16-21).

Einen besonderen Umgang jedoch, pflegt die Bibel mit dem sogenannten „Zehnten".

---

[12] Vgl. Vieweger, Geld ist wie Meerwasser 16.
[13] Schaper, Geld und Kult im Deuteronomium 45.

2. Der „Zehnte" (מַעֲשֵׂר)

2.1 Eine semantische Analyse[14]

Religionsgeschichtlich sind Abgaben eines Teiles des Gewinns an die Götter in verschiedenen Religionen und in der klassischen Antike bekannt. Besonders aber im Judentum und im Christentum, ausgehend vom AT ist diese Abgabe fest reguliert.[15] So ist der *Zehnte* (hebr. מַעֲשֵׂר/griech. δέκατος) alt- und auch neutestamentlich eine kultische Abgabe, die im AT etwa 30mal belegt ist. „Die Gabe des Zehnten umfaßt im Allgemeinen die Abgabe des zehnten Teils von Ernteerzeugen. Diese wird in einigen Texten um das Verzehnten von Vieh erweitert."[16] Später, in der Alten Kirche bis hinein ins Mittelalter, differenzierte man den zehnten Teil der Ernteerzeugnisse bzw. des Bodenertrages in einen Kornzehnt (Getreide), einen Blutzehnt (Holz, Wein, Großvieh) und einen Kleinzehnt (Gartenfrüchte wie Gemüse, Obst, tierische Produkte und Kleinvieh). Ferner versuchte man den *Zehnten* auch außerhalb der Landwirtschaft, etwa auf Einkünfte aus der Jagd, dem Handel oder dem Kriegsdienst auszudehnen (Personalzehnt).[17] Im Laufe der Monetarisierung[18] im antiken Juda, kennt die Bibel eine „geldliche oder [eine] geldähnliche Ersatzleistung für den Zehnten"[19]. Paradigmatisch dafür ist Dtn 14,22-29 bzw. die Verse 24-25:[20]

> „Wenn aber der Weg dorthin deine Kräfte übersteigt, weil die Stätte, die der Herr auswählt, indem er dort seinen Namen anbringt, so weit entfernt liegt und der Herr, dein Gott, dich so gesegnet hat, daß du den Zehnten nicht dorthin tragen kannst, dann sollst du alles für Silber verkaufen, das Silber als deinen Besitz zusammenbinden, zu der Stätte ziehen, die der Herr, dein Gott, auswählt."

Möglich war also auch, den *Zehnten* gegen Geld einzulösen. Während der sog. „erste Zehnt" den Leviten vorbehalten war, wurde der sog. „zweite Zehnt" nach Jerusalem gebracht, wo er Teil des siebenjährigen Zyklus war. Im ersten bis zweiten und vierten bis fünften Jahr wurde der *Zehnte* für den

---
[14] Bei der semantischen Analyse handelt es sich um eine Untersuchung aus der literaturwissenschaftlichen Bibelauslegung, die den Bedeutungsgehalt und den Kontext eines Wortes analysiert. Vgl. Schnelle, Einführung in die neutestamentliche Exegese, 57.
[15] Vgl. Strohm, Zehntabgaben 1791f.
[16] Körting, Zehnt 488.
[17] Vgl. Strohm, Zehntabgaben 1794.
[18] Markiert den Übergang von der Natural- zur Geldwirtschaft.
[19] Schaper, Geld und Kult im Deuteronomium 48.
[20] Vgl. a.a.O. 46f. und 52.

Tempel aufgebracht. Als Teil des Sozialrechts wurde der *Zehnte* im dritten und sechsten Jahr den Armen zur Verfügung gestellt. Jeweils im siebten und letzten Jahr des Zyklus wurde ein Schuldenerlass ohne Zehnten durchgeführt.[21]

2.2 Alttestamentliche Zeugnisse

Bevor die alttestamentlichen Zeugnisse selbst zur Sprachen kommen, muss der Vollständigkeit halber erwähnt werden, dass die Bibel neben dem *Zehnten* auch einen *Fünften* und sogar einen *Achtzehnten* kennt.[22] Allerdings sind diese hier nicht Gegenstand der Verhandlung. Ferner ist zu berücksichtigen, dass die nun folgenden Betrachtungen der alttestamentlichen Texte weder deren Komplexität noch einer umfangreichen exegetischen Untersuchung gerecht werden, sondern vielmehr dem Duktus der oben formulierten Fragen folgen.[23]

2.2.1 Gen 14,18-20: Die Gabe des *Zehnten* von Abraham

„18 Aber Melchisedek, der König von Salem, trug Brot und Wein heraus. Und er war ein Priester Gottes des Höchsten 19 und segnete ihn und sprach: Gesegnet seist du, Abram, vom höchsten Gott, der Himmel und Erde geschaffen hat; 20 und gelobt sei Gott der Höchste, der deine Feinde in deine Hand gegeben hat. Und Abram gab ihm den Zehnten von allem."

Die Gabe des *Zehnten* Abrahams an Melchisedek ist keine Abgabe und keine Verpflichtung, sondern ein Geschenk. Die Gabe des Zehnten entspringt hier keinem Auftrag Gottes, sondern ist lediglich eine Antwort auf den Segen, der Abraham widerfahren ist.

---

[21] Vgl. Strohm, Zehntabgaben 1792f.
[22] In der Josef-Geschichte wird berichtet, dass die Ägypter während der Hungersnot einen Fünftel der Ernte aus Josefs Saatgetreide an das Königshaus abzuliefern hatten (Gen 47,23-26). Und in Ri 17,1-5 lesen wir, dass eine Mutter aus Dank für ihr zurückerhaltendes Geld, 18 Prozent ihres Vermögens in die Innenausstattung für ein Gotteshaus investiert.
[23] Die folgenden biblischen Texte sind alle der revidierten Lutherübersetzung von 1984 entnommen.

Somit ist in der Erzählung auch nichts von Verpflichtung und Druck zu spüren, stattdessen aber Freude und Dank.[24]

2.2.2 Gen 28,16-17.22: Der *Zehnte* des Jakob in Bethel

> *„16 Als nun Jakob von seinem Schlaf aufwachte, sprach er: Fürwahr, der Herr ist an dieser Stätte, und ich wusste es nicht! 17 Und er fürchtete sich und sprach: Wie heilig ist diese Stätte! Hier ist nichts anderes als Gottes Haus, und hier ist die Pforte des Himmels. [...] 22 Und dieser Stein, den ich aufgerichtet habe zu einem Steinmal, soll ein Gotteshaus werden; und von allem, was du mir gibst, will ich dir den Zehnten geben."*

Der Text entstammt der Perikope „Jakob schaut die Himmelsleiter" (Gen 28,10-22). Auch hier ist die Rede von einem Zehnten, der wieder (s.o.) im Zusammenhang von Dankbarkeit und aus Ergriffenheit heraus gegeben wird. Dieses mal allerdings nicht in der Begegnung mit einem Menschen, sondern in einer besonderen Gottesbegegnung (Theophanie). Abermals entspringt die Motivation den Zehnten zu geben keiner Forderung, sondern ist „Antwort in heiliger Ehrfurcht vor Gott"[25] und eine ‚Reaktion' auf die ‚Aktion' des Beschenktwerdens von Gott. Besonders außergewöhnlich ist auch die Bedingungslosigkeit, die aus den Worten Jakobs zu spüren ist (*„von allem"*).

2.2.3 I. Sam 8,13-17: Der *Zehnte* für den König

> *13 Eure Töchter aber wird er nehmen, dass sie Salben bereiten, kochen und backen. 14 Eure besten Äcker und Weinberge und Ölgärten wird er nehmen und seinen Großen geben. 15 Dazu von euren Kornfeldern und Weinbergen wird er den Zehnten nehmen und seinen Kämmerern und Großen geben. 16 Und eure Knechte und Mägde und eure besten Rinder und eure Esel wird er nehmen und in seinen Dienst stellen. 17 Von euren Herden wird er den Zehnten nehmen, und ihr müsst seine Knechte sein."*

---

[24] Vgl. Stiegler, Der biblische Zehnte 49.
[25] A.a.O. 50.

Das Volk begehrt einen König. Israel will nicht mehr nur den lebendigen Gott zum König, sondern so einen, wie ihn auch andere haben („*dass wir auch seien wie alle Heiden*" 8,20a). Ungeachtet der eingehenden Warnung Gottes durch die Worte Samuels (s.o.), verlangt Israel einen weltlichen Richter. Auffallend ist hier, dass der *Zehnte* eine dezidiert negative Konnotation erhält. Anders als bisher, erscheint der Zehnte an dieser Stelle in einem profanen Kontext und scheint so etwas wie ein Synonym für allgemeine Steuern zu sein. Stiegler resümiert dazu, dass der Zehnte in der Antike, neben den Israeliten, auch unter den Phöniziern, Karthagern, Griechen, Römern, Babyloniern, Iranern, Persern und Arabern verbreitet war.[26] „Die Gabe des Zehnten ist also weder etwas spezifisch Freikirchliches noch etwas typisch Biblisches oder Christliches, sondern eine Sitte, die vielerorts und zu verschiedenen Zeiten aufgekommen ist."[27]

2.2.4 Dtn 12,6-7.11-12.17-18: Der *Zehnte* zur Selbstversorgung

„6 Dorthin sollt ihr eure Brandopfer und eure Schlachtopfer bringen, eure Zehnten und eure heiligen Abgaben, eure Gelübdeopfer, eure freiwilligen Opfer und die Erstgeburt eurer Rinder und Schafe. 7 Und ihr und eurer Haus sollt dort vor dem Herrn, eurem Gott, essen und fröhlich sein über alles, was eure Hand erworben hat, womit euch der Herr, euer Gott gesegnet hat. [...] 11 Wenn nun der Herr, dein Gott, eine Stätte erwählt, dass sein Name daselbst wohne, sollt ihr dahin bringen alles, was ich euch gebiete: eure Brandopfer, eure Schlachtopfer, eure Zehnten, eure heiligen Abgaben und alle eure auserlesenen Gelübdeopfer, die ihr dem Herrn geloben werdet. 12 Und ihr sollt fröhlich sein vor dem Herrn, eurem Gott, ihr und eure Söhne und eure Töchter, eure Knechte und eure Mägde und die Leviten, die in euren Städten wohnen... [...] 17 Du darfst aber nicht essen in deinen Städten vom Zehnten deines Getreides, deines Weins, deines Öls, auch nicht von der Erstgeburt deiner Rinder und deiner Schafe oder von irgendeiner Gabe, die du gelobt hast, oder von deinem freiwilligen Opfer oder von deiner heiligen Abgabe, 18 sondern vor dem Herrn, deinem Gott, sollst du alles essen an der Stätte, die der Herr, dein Gott, erwählt, du und deine Söhne, deine Töchter, deine Knechte, deine

---

[26] Vgl. a.a.O. 50f.
[27] A.a.O. 51.

> *Mägde und der Levit, der in deiner Stadt lebt, und du sollst fröhlich sein vor dem Herrn, deinem Gott, über alles, was deine Hand erworben hat."*

Der Text lässt eine bemerkenswerte Beobachtung zu: Der Zehnte wird von denen, die ihn gegeben haben, selbst verspeist! „Und der Sinn des Ganzen ist einfach und klar: Israel soll vor JHWH fröhlich sein (V.7.12.18)."[28] Damit ist auch der gesamte Tenor des Textes bestimmt: Fruchtbarkeit und Ertrag weckt Freude und Dankbarkeit. „Hier ist die Wurzel des Zehnten zu suchen und zu finden. [...] Er weist auf den hin, der hinter der Ernte steht, auf den Geber des Regens und des Segens."[29] Der *Zehnte* ist ein Dankopfer, der wiederum darauf verwendet wird, in der Gegenwart Gottes ein Liebes- und Freudenmahl zu feiern (Gottesdienst). Einen Gottesdienst aber kann man nicht allein und für sich feiern, daher die Aufforderung bzw. ein regelrechtes Verbot, den *Zehnten* nicht zu Hause zu verzehren.[30] Einen weiteren Text, der die Freude und den Jubel beim Fest zur Ehre Gottes bekräftigt, finden wir in Dtn 14,22-27. Von der Vorstellung aber, dass ein Opfer immer wehtun müsse, wie es in manchen frommen Kreisen betont wird, ist mit den alttestamentlichen Zeugnissen von der Hand zu weisen.[31]

2.2.5 Num 18,20-21.26-27: Der *Zehnte* zur Priesterversorgung

> *„20 Und der Herr sprach zu Aaron: Du sollst in ihrem Land kein Erbgut besitzen, auch keinen Anteil unter ihnen haben; denn ich bin dein Anteil und dein Erbgut inmitten der Israeliten. 21 Den Söhnen Levi aber habe ich alle Zehnten gegeben in Israel zum Erbgut für ihr Amt, das sie an der Stiftshütte ausüben. [...] 26 Sage den Leviten und sprich zu ihnen: Wenn ihr den Zehnten nehmt von den Israeliten, den ich euch von ihnen bestimmt habe als euer Erbgut, so sollt ihr davon eine heilige Abgabe dem Herrn geben, je den Zehnten von dem Zehnten; 27 und diese eure heilige Abgabe soll euch angerechnet werden, als gäbet ihr Korn von der Tenne und Wein aus der Kelter."*

---

[28] A.a.O. 52.
[29] Ebd.
[30] Vgl. ebd.
[31] Dass das Festmahl zur Ehre Gottes, für den der Zehnte zurückgelegt wurde, auch eine lukullische Zusammenkunft war, belegt, dass es neben Wein auch einen guten Schluck von einem „starken Getränk" (Dtn 14,26) gab.

Ein weiterer Aspekt des *Zehnten* gilt der Priesterversorgung. Da sie selbst nichts besaßen (Land oder Vieh), von dem sie sich hätten ernähren können, bekamen die Leviten sowohl einen Anteil an Getreide, Wein und Öl als auch von tierischen Produkten aus dem *Zehnten* der Israeliten. Im Unterschied zu den anderen durften die Leviten ihren Teil vom *Zehnten* überall im Land verzehren und nicht nur am Heiligtum, da es für sie ihr tägliches Brot war (Neh 12,44; 13,5.12f.). Dennoch sollten auch die Leviten den Zehnten, von dem sie lebten, wieder verzehnten (wahrscheinlich für höhere Priesterklassen).[32]

2.2.6 Amos 4,4-5: Prophetischer Protest gegen den formalen *Zehnten*

„4 Ja, kommt her nach Bethel und treibt Sünde, und nach Gilgal, um noch viel mehr zu sündigen! Bringt eure Schlachtopfer am Morgen und eure Zehnten am dritten Tage, 5 räuchert Sauerteig zum Dankopfer und ruft freiwillige Opfer aus und verkündet sie; denn so habt ihr's gern, ihr Israeliten, spricht Gott der Herr!"

Amos kritisiert all diejenigen, die formal und regelmäßig ihren Zehnten geben, dennoch aber unverfroren sündigen und weitersündigen. Der Prophet insistiert darauf, dass es nichts bringt, den Zehnten zu geben, „wenn dem nicht ein ethisch an der Tora orientiertes Leben parallel geht"[33] (4,1f.). Ein prophetischer Protest, den wir später im NT bei Jesus wieder finden (Mk 23,23).

2.2.7 Maleachi 3,8-10: Das Geben des *Zehnten* bringt Segen

8 Ist's recht, dass ein Mensch Gott betrügt, wie ihr mich betrügt? Ihr aber sprecht: »Womit betrügen wir dich?« Mit dem Zehnten und der Opfergabe! 9 Darum seid ihr auch verflucht; denn ihr betrügt mich allesamt. 10 Bringt aber den Zehnten in voller Höhe in mein

---

[32] Vgl. Stiegler, Der biblische Zehnte 55. Interessant ist, dass es sogar eine Art Ablösung für den Zehnten gab. Kam es zum Beispiel vor, dass eine Gabe schon für den Zehnten geweiht war, aber doch wieder profan verwendet werden sollte, musste der entsprechende Schätzwert der Gabe um ein Fünftel erhöht werden (Lev 27,13.31). Der Zehnte war also nur zurück zu bekommen, wenn 20 Prozent draufgezahlt würden. Vgl. a.a.O. 56.
[33] Ebd.

Vorratshaus, auf dass in meinem Hause Speise sei, und prüft mich hiermit, spricht der Herr Zebaoth, ob ich euch dann nicht des Himmels Fenster auftun werde und Segen herabschütten die Fülle."

Den letzten und wohl auch bekanntesten Aspekt des *Zehnten* (bes. im freikirchlichen Kontext) finden wir bei Maleachi. Seine Botschaft gehört in die nachexilische Zeit und ist ein wichtiges Instrument für den Wiederaufbau des Landes bzw. des Tempels. Damit wieder ein geregelter Gottesdienst (incl. Opferdienst) stattfinden konnte, und die Rückkehrer aus dem babylonischen Exil an vorexilische Zeiten anknüpfen konnten, musste die Versorgung der Priester, Leviten und Tempeldiener sichergestellt werden. In dieser Situation und weil Juda keinen König mehr hatte, springt Maleachi dem Statthalter Nehemia bei und wirbt energisch für den *Zehnten*. Seine Botschaft: „Betrug beim Zehnten wird sich rächen. Oder: Konsequenz beim Zehnten wird Segen nach sich ziehen".[34] Es ist der Hinweis darauf, dass Gottes „Mathematik" eine andere ist, denn neun ist mehr als zehn. „Wer nur 90 Prozent für sich behält und zehn Prozent abgibt von dem, was er bekommen hat, wird am Ende reicher sein als derjenige, der 100 Prozent für sich behält."[35] Genauso wie bei Gott sechs mehr als sieben ist: „Sechs Tage arbeiten und einen Tag Schabbat halten, einen Tag Zeit haben für Gott, das ist mehr, als rund um die Uhr schuften und rackern."[36]

2.3 Neutestamentliche Zeugnisse

Obwohl der Zehnte in den neutestamentlichen Zeugnissen eine verschwindend geringe Rolle spielt, sollen die kurzen Textbausteine, in denen er Erwähnung findet, doch wahrgenommen werden.

2.3.1 Mt 23,23: Jesu Protest gegen den formalen *Zehnten*

„23 Weh euch, Schriftgelehrte und Pharisäer, ihr Heuchler, die ihr den Zehnten gebt von Minze, Dill und Kümmel und lasst das Wichtigste im

---
[34] A.a.O. 57.
[35] A.a.O. 57.
[36] Ebd.

Gesetz beiseite, nämlich das Recht, die Barmherzigkeit und den Glauben! Doch dies sollte man tun und jenes nicht lassen."

Wie schon der Prophet Amos, so kritisiert auch Jesus eine allzu oberflächliche und heuchlerische Einhaltung des Zehnten. Jesus hat selbstverständlich nichts gegen den Zehnten einzuwenden, dennoch warnt er vor einem peniblen Umgang, der doch (s.u.) letztlich nur in Unbarmherzigkeit ausartet. So kommt auch Paulus, vor dem Hintergrund eigener Geldsammlungen, zu dem Schluss (2. Kor 9,7): „Ein jeder, wie er`s sich im Herzen vorgenommen hat, nicht mit Unwillen oder aus Zwang; denn einen fröhlichen Geber hat Gott lieb."

2.3.2 Lk 18,11-12: Der *Zehnte* als vermeintliche Rechtfertigung

11 Der Pharisäer stand für sich und betete so: Ich danke dir, Gott, dass ich nicht bin wie die anderen Leute, Räuber, Betrüger, Ehebrecher oder auch wie dieser Zöllner. 12 Ich faste zweimal in der Woche und gebe den Zehnten von allem, was ich einnehme.

Dieser Textbaustein ist ein außerordentlich drastisches Beispiel für jesuanische „Formkritik". Die Perikope, vom Pharisäer und Zöllner oder aber dem rechten Gebet, ist ein Spezifikum dafür, dass alles Einhalten von Normen und Formen am Ende nicht darüber entscheiden wird, wie Jesus sich einmal zu uns stellen wird. Es geht bei Jesus weniger um formale Richtigkeiten als vielmehr um informelle Wichtigkeiten - welche letztlich doch darin bestehen, in einer lebendigen Gottesbeziehung zu leben bzw. in einer pneumatischen Abhängigkeit zu existieren, so wie sie uns vom Zöllner vorgelebt worden ist: „Gott, sei mir Sünder gnädig!" (Lk 18,13).[37]

2.3.3 Hebr 7,4-10: Der *Zehnte* als Ehrung eines himmlischen Priesteramtes

4 Seht aber, wie groß der ist, dem auch Abraham, der Erzvater, den Zehnten gab von der eroberten Beute. 5 Zwar haben auch die von den Söhnen Levis, die das Priestertum empfangen haben, nach dem Gesetz das Recht, den Zehnten zu nehmen vom Volk, also von ihren

---

[37] Nichts, auch nicht das Geben des Zehnten, kann der Paradoxie unserer christlichen Existenz, zugleich gerecht und doch Sünder zu sein, wehren (lat. simul justus et peccator).

eigenen Brüdern, obwohl auch diese von Abraham abstammen. 6 Der aber, der nicht von ihrem Stamm war, der nahm den Zehnten von Abraham und segnete den, der die Verheißungen hatte. 7 Nun ist aber unwidersprochen, dass das Geringere vom Höheren gesegnet wird. 8 Und hier nehmen den Zehnten sterbliche Menschen, dort aber einer, dem bezeugt wird, dass er lebt. 9 Und sozusagen ist auch Levi, der doch selbst den Zehnten nimmt, in Abraham mit dem Zehnten belegt worden. 10 Denn er sollte seinem Stammvater ja erst noch geboren werden, als Melchisedek diesem entgegenging.

Der Text ist insofern bedeutend, als dass er im Ablauf der biblischen Heilsgeschichte das letzte Mal den *Zehnten* erwähnt - und zugleich, an die erste Erwähnung des *Zehnten* erinnert (Gen 14,18-20). Die Bedeutung des Textes ist in der neutestamentlichen Exegese umstritten und kann hier nicht hinreichend dargestellt werden, da sie vom jeweiligen hermeneutischen Vorverständnis lebt. Betrachtet man aber den Kontext des Hebräerbriefes, wird folgendes deutlich: Die Empfänger des Briefes waren Judenchristen, die, anstatt die Gnade Gottes bereitwillig anzunehmen, Gesetz und Propheten präferierten. Der Autor des Briefes aber will den Adressaten aufzeigen, dass das Gesetz des alten Bundes in Jesus Christus nicht mehr entscheidend ist. Deshalb schreibt er zu Beginn des Briefes von der Einzigartigkeit Jesu, der viel höher und größer als alle Propheten und Engel ist (Hebr 1,1-4). Das Gesetz des alten Bundes (zu dem auch der Zehnte zählte Lev 27,30f.) gehört nun der Vergangenheit an. Das Priestertum wurde geändert und damit auch das Gesetz (Hebr 7,12). Der Autor des Hebräerbriefes schreibt weiter, dass das vorherige Gesetz wegen seiner Schwachheit und Nutzlosigkeit aufgehoben wurde (Hebr 7,18), und durch eine bessere Hoffnung (Jesus Christus) ersetzt wurde (Hebr. 7,19). Daraus lässt sich schließen, dass somit das Gesetz des Zehnten der Vergangenheit angehört und wir sogar aufgefordert sind, uns zu hüten, bei etwaiger Gewinnsucht, Teile des Gesetzes zu erfüllen (Gal 3,10-12). „Der Christusgläubige im Neuen Bund ist nicht abgabepflichtig. Vielmehr sieht der Autor in Hbr 13,16 ebenso wie Paulus 1 Ko 16,1ff und 2 Ko 8,9ff, daß in der ntst Gemeinde der Geber sich aus Dankbarkeit zum Opfer verpflichtet weiß."[38]

---

[38] Lauchbach, Der Brief an die Hebräer 144. Hegermann schreibt dazu: „Analog dazu sieht Hebr in der Überordnung des Melchisedek über Abraham die Heilsrelevanz der ganzen ersten διαϑήχη (Hebr. 8,7) von vornherein einschneidend relativiert." Hegermann, Der Brief an die Hebräer 152. Zweifelsohne gilt Abraham als einer der „größten Sterne am hebräischen Himmel". Dennoch würdigt Abraham den Melchisedek als priesterlich Höherstehenden, indem er ihn den Zehnten seiner Beute gibt. Während die Israeliten ihren Zehnten an Priester entrichteten, die menschlicher

2.4 Ein kleiner historischer Abriss

2.4.1 Entwicklungen im Judentum

Wie bereits erwähnt, werden im Judentum mehrere *Zehnte* unterschieden. „Der erste Zehnt ist die Abgabe für Priester und Leviten; der zweite Zehnt wird zur Bestreitung der Kosten für den Festaufenthalt in Jerusalem verwendet und der dritte Zehnt ist der Armenzehnt, eine Abgabe, die den Asylanten, den Witwen und Waisen zustand, denen, die keine eigene Sozialversicherung durch ihre Großfamilie besaßen."[39] Um 70 n. Chr. und mit der Zerstörung des Tempels durch die Römer, hörte die Darbringung des *Zehnten* auf. Lediglich der erste Zehnt, der den Leviten und Priestern zur Versorgung zustand, wurde weiter erhoben. Das rabbinische Judentum entwickelte jedoch nach der Niederschlagung des Bar Kochbar-Aufstands, und dem Ende der Hoffnung auf einem baldigen Wiederaufbau des Tempels, ein umfangreiches Abgabensystem[40] (Mischna/Talmud) ein. So wurde etwa die Produkt-Palette, die verzehntet werden musste, weiter ausgedehnt als es etwa vom Gesetz gefordert war und machte auch vor Gartenfrüchten (Zwiebeln, Knoblauch und Kresse) keinen Halt.[41] Allerdings ist die Pflicht des Zehntgebens von den breiteren Volksschichten nicht sehr streng eingehalten worden, was dazu führte, dass es immer wieder Spannungen zwischen „gemeinen Volk" und Angehörigen der rabbinisch-pharisäischen Kreise führte.[42] Jedes siebte Jahr (s.o.) war ein sog. Brachjahr, in dem kein Zehnt zu entrichten war.

Herkunft waren, deren Geschlechtsregister auf Abraham zurückgeführt werden, entrichtet Abraham den Zehnten an einen Priester der himmlischer Herkunft war. „Die Existenz des Melchisedek vor Gott ist einzigartig, unvergleichlich. Gott hat in Melchisedek ein Priestertum außerhalb des Gesetzes, ein Amt ohne gesetzliche Grundlage und Nachfolge aufgerichtet." Laubach, Der Brief an die Hebräer 145. Das Abraham dennoch und vor allem außerhalb des Gesetzes und jedweder Forderung den Zehnten entrichtet, ist sichtbarer Ausdruck seiner Dankbarkeit und ein Bekenntnis seiner Abhängigkeit vor Gott. Abraham wird dadurch zum Initiator einer geistlichen Übung der Gottesfurcht.
[39] Stiegler, Der biblische Zehnte 57.
[40] Leonhard schreibt dazu: Auch wenn der zweite Zehnte nach der Zerstörung des Tempels nicht mehr verzehrt werden konnte, galt er doch als geheiligt und durfte nicht einfach selbst konsumiert werden. Stattdessen wurde er vernichtet. So wurde z.B. der in Geldmitteln konvertierte Zehnte (dies war nur möglich durch eine sog. Auslösung, d.h. der Zehnte wurde „mit einem Aufschlag von 20% in geprägtes Geld" verwandelt) ins Tote Meer geworfen. Bis heute gilt: „Manche Produkte der Landwirtschaft werden unter Aufsicht von Kaschrutorganisationen durch Vernichtung eines Teils der Ernte für den rechtmäßigen Verkauf und Konsum tauglich gemacht." Vgl. Leonhard, Zehnt II 494, Zitate ebd.
[41] Vgl. a.a.O. 58 und Leonhard, Zehnt II 493.
[42] Vgl. Strohm, Zehntabgaben 1793.

2.4.2 Entwicklungen im Christentum

In der Alten Kirche wurde der *Zehnte* zunächst nicht übernommen, da das Zehntgebot durch das Kommen Jesu als abgetan und erfüllt betrachtet wurde. Zudem versuchte man den Unterschied zwischen altem und neuem Bund dahin gehend zu leben, als Christ frei von jeder gesetzlichen Verpflichtung zu sein (Mt 5,20; Gal 5.1). Die richtungsweisenden Theologen der damaligen Zeit (Irenäus von Lyon, Tertullian, Hieronymus) gingen ohnehin davon aus, dass die Zehntforderung des AT`s zu lax sei und der „menschlichen Eigensucht und Habgier zu sehr nachgab[en]" und „die Vorschrift des Zehnten nur ein Notbehelf für die Schwachen sei, die sich [nur] schwer von ihren Gütern trennen" können.[43] Vielmehr erwartete man, dass Christen („die wahren Glieder der Kirche") freiwillig mehr als den im AT formulierten *Zehnten* gaben bzw. alles gaben, um ihren Herrn und Erlöser nachzufolgen. Erst mit Einsetzen des Mittelalters und der allmählichen Abnahme des „moralischen Rigorismus" setzte eine neue Diskussion über den Zehnten in Gang. Während in der Ostkirche erste Tendenzen, den *Zehnten* verpflichtend zu machen, um 380 n.Chr. zu erkennen sind, ist der *Zehnte* in der Westkirche erst im 6.Jhd. auf dem zweiten Konzil von Macon (585) bezeugt.[44] Eine verpflichtende Zehntabgabe gibt es erst in karolingischer Zeit unter Pippin d. J. und Karl dem Großen, die per Anordnung (Kapitularien) im ganzen Reich durchgesetzt wurde.

Der Zehnte wurde so zur Rechtspflicht, deren Verweigerung die Exkommunikation nach sich zog.[45] Für die Reformatoren war klar, dass der *Zehnte* durch das Neue Testament erfüllt sei. So kommt etwa Zwingli zu dem Ergebnis, dass der *Zehnte* im NT nicht bestätigt wird und daher für das Volk Gottes nicht mehr bindend ist. Dennoch bestreitet er nicht die wichtige Funktion des allgemeinen *Zehnten*, sondern sieht in ihm vielmehr eine „Steuer zur Finanzierung der weit gefaßten kirchlich-seelsorgerlichen Bedürfnisse der Gemeinde". Auch Luther war der Auffassung, dass dem *Zehnten* „keine theologische Bedeutung zuzumessen sei" sondern, die Ablieferung des *Zehnten* vielmehr eine politische und ökonomische Handlung darstelle, die nichts mit dem Glauben zu tun hat. Im Kontext des dt. Bauernkriegs und der zunehmenden Kritik der Landbevölkerung am *Zehnten*,

---

[43] TRE 36 (Autor aufgrund eines Kopierfehlers unbekannt), Zehnt III 495, Zitate ebd.
[44] Vgl. a.a.O. 496, Zitate ebd.
[45] Analog dazu brachte die Zeit der Karolinger eine ganze Reihe alttestamentlicher Bräuche und Verordnungen (Sonntagsgebot, Königs- und Bischofssalbung) in die Kirche zurück. Vgl. ebd., Stiegler, Der biblische Zehnte 59, Strohm, Zehntabgaben 1794.

geht Luther sogar soweit und lobt den *Zehnten* als „gerechteste Abgabe", weil dieser Rücksicht auf die jeweilige Ertragssituation nimmt (Solidaritätsprinzip).[46] Bis ins 18./19. Jhd. hinein war der *Zehnte* die wichtigste Kirchensteuer, die der Kirche den größten Anteil ihrer Einkünfte einbrachte. Erst am 02.11.1789 wurde der Kirchenzehnt per Dekret der französischen Nationalversammlung abgeschafft, der sich auch bis 1848 die anderen europäischen Staaten anschlossen.[47]

---

[46] TRE 36 (Autor aufgrund eines Kopierfehlers unbekannt), Zehnt III 501f., Zitate ebd.
[47] Vgl. Stiegler, Der biblische Zehnt 59 und Strohm, Zehntabgaben 1794.

3. Muss oder darf ich den „Zehnten" geben?

3.1 Unterscheidung von „Gesetz und Evangelium"

Ein nicht unerhebliches Spezifikum in der theologischen Theoriebildung ist das Interpretationsparadigma „Gesetz und Evangelium". Für Luther und die reformatorische Theologie ist die Unterscheidung von Gesetz und Evangelium, der „maßgebliche Schlüssel zum Verstehen der Heiligen Schrift".[48] Auch für eine theologisch reflektierte Urteilsfindung in der obenstehenden Frage, ist diese Unterscheidung evident. Neben der frohen Botschaft des Evangeliums (Sündenvergebung und Errettung aus Gnade durch Glauben) beinhaltet die Bibel auch das Gesetz (welches den Willen Gottes offenbart), dessen Einhaltung Lohn und dessen nicht Einhaltung Strafe bzw. Konsequenzen nach sich zieht. Das Wort „Gesetz" geht auf das hebräische Wort *Tora* zurück und meint seit der nachexilischen Zeit die „gesamte schriftlich fixierte Gesetzgebung Gottes für das Volk Israel". Das „Evangelium" (die Botschaft von der nahekommenden Gottesherrschaft / βασιλεία τοῦ θεοῦ) verband sich in der Verkündigung Jesu mit z.T. heftiger Kritik am jüdischen Gesetzesverständnis.[49] Für Jesus waren alle Gesetzesvorschriften unter dem Doppelgebot der Liebe (Mt 22,37-39) zusammengefasst. Einzig von diesem Gebot aus konnten die konkreten Bestimmungen ihren Sinn erfüllen – standen sie ihm entgegen, konnte auch Jesus ihre Geltung relativieren: „Wer unter euch ohne Sünde ist, der werfe den ersten Stein" (Joh 8,7b). Davon ausgehend konnte Paulus auf der einen Seite *Christus* als das Ende des Gesetzes begreifen (Röm 10,4), auf der anderen Seite aber zugleich die Liebe als *Erfüllung* des Gesetzes erkennen (Röm 13,8-10).[50] Für Luther liegt die theologisch relevante und geistliche Funktion des Gesetzes darin, „den Menschen seine unüberwindbare Verstrickung in die Sünde erkennen zu lassen". Erst wenn der Mensch seine eigene Unfähigkeit in der Erfüllung des Gotteswillens erkennt, kann die

---

[48] Vgl. Leonhardt, Grundinformation Dogmatik 336, Zitat ebd. und Stöhr, Art. Gesetz und Evangelium 149.
[49] Vgl. Leonhardt, Grundinformation Dogmatik 334.
[50] Vgl. a.a.O. 335. Um tatsächlich adäquat von Gesetzeskritik bzw. Gesetzeserfüllung zu sprechen, ist es wichtig, die unterschiedlichen Arten gesetzlicher Vorschriften im AT zu differenzieren: Moralgesetz (lex moralis): Für alle Menschen verbindliche sittliche Weisungen Gottes; Judizialgesetz (lex judicialis): Vorschriften zur Gestaltung bürgerlichen Lebens im jüdischen Staatswesen; Zeremonialgesetz (lex ceremonialis): Vorschriften zur äußerlichen Gestaltung des Kultes. Im Verständnis des NT`s gelten die beiden letzteren nur zeitlich begrenzt. Lediglich das Moralgesetz, also die Vorschriften der 10 Gebote (Dekalog) bleiben nach Christus in Kraft bzw. werden vertieft und zum Teil sogar radikalisiert (Mt 5,17-48). Vgl. ebd.

angebotene Sündenvergebung und der Trost des Evangeliums angenommen werden.[51] Beides, sowohl das Gesetz als auch das Evangelium, sollte in dieser doppelten Gestalt (so Luther) auch in der Predigt weitergegeben werden. Macht sich eine Ortsgemeinde die theologische Unterscheidung von Gesetz und Evangelium zu Eigen, wird sie eine andere Gewichtung biblischer Lebensregeln vornehmen können und letztlich in der Lage sein, die „in Christus offenbarte Gnade als Mitte der Schrift und [die] Vielzahl sich daraus ergebender theologischer und ethischer Vorstellungen in neutestamentlichen Texten zu unterscheiden" wissen.[52]

3.2 Die Prinzipien „Freiheit" und „Einheit"

Für den BEFG und jede andere kongregationalistische Freikirche ist die „Ortsgemeinde das grundlegende und wesentliche Element von Kirche"[53]. Das bedeutet, dass eine vollgültige Gestalt des Leibes Christi nicht von einer großen Gemeinschaft oder eines Gemeindebundes repräsentiert wird, sondern sich bereits in der kleinsten Einheit, nämlich dort wo zwei oder drei im Namen Jesu versammelt sind (Mt 18,20), Gemeinde konstituiert. Ein weiteres Spezifikum freikirchlicher Ekklesiologie liegt darin, dass Gemeinde als Leib Christi nur in verbindlicher Gemeinschaft entschiedener Christen möglich ist. Das setzt zudem die Bereitschaft voraus, dass bei einem freiwilligen Beitritt ein intensives Miteinander mit den Glaubensgeschwistern vor Ort gelebt wird.[54] Nicht zuletzt gehört es zu dem selbigen Gemeindeverständnis, auf Kirchenhierarchie und übergemeindliches Lehramt zu verzichten. „Sowohl in Fragen der Lehre als auch in Fragen der Ethik sucht die Gemeinschaft der Gläubigen vor Ort nach dem Willen Gottes in der Schrift, und verbindlich ist nur, was die Ortsgemeinde – aus der Schrift begründet – für verbindlich hält."[55] Das führt dazu, dass freikirchliche Gemeinden, unter einem Dachverband und nach außen oft als homogene Gruppe wahrgenommen werden, nach innen betrachtet dagegen viel heterogener und in einer größeren Vielfalt erscheinen. Um die Spannung zwischen Autonomie und Verbindlichkeit (im Blick auf grundlegende

---
[51] Vgl. a.a.O. 337, Zitat ebd.
[52] Vgl. Dziewas, Warum Gemeinden sich verändern 126, Zitat ebd.
[53] Huxtable, Art. Kongregationalismus 452. Der Kongregationalismus bezeichnet ein: „Kirchenverständnis, das die Selbstständigkeit der Ortsgemeinden gegenüber allen anderen kirchlichen Instanzen betont." Swarat, Fachwörterbuch für Theologie und Gemeinde 126.
[54] Vgl. Dziewas, Warum Gemeinden sich verändern 107.
[55] Ebd.

Entscheidungen) auszuhalten, gelten zwei konkurrierende Prinzipien als konstitutiv: „das Prinzip Freiheit und Freiwilligkeit auf der einen und das Prinzip Einheit und Einmütigkeit auf der anderen Seite".[56] Das *Prinzip Freiheit und Freiwilligkeit* betont die Gewissensfreiheit des Einzelnen und die persönliche Verantwortung vor Gott. Es ist das Identität stiftende Merkmal freikirchlich verfasster Gemeinden schlechthin und ein wesentliches Merkmal kongregationalistischer Theologie. Im konkreten Fall bedeutet das: Gemeindemitglieder geben keine Kirchensteuern, sondern beteiligen sich durch freiwillige Spenden und Gemeindebeiträge an der Finanzierung des Gemeindehaushalts. Darüber hinaus entscheidet auch jeder selbst, in welcher Form und an welcher Stelle er sich ehrenamtlich in der Gemeinde engagiert. Selbiges gilt genauso für die Arbeit bzw. die Finanzierung auf übergeordneter Ebene der Gemeindebünde. Auch hier beruhen die Finanzstrukturen auf dem Prinzip der Freiwilligkeit, bzw. auf den „freiwilligen" Spenden der Ortsgemeinden.[57] Selbst wenn es für die Nichterbringung keine Sanktionsmechanismen gibt, so herrscht an diesem Punkt doch auch keine Beliebigkeit. Denn werden „Normalitäts- und Erwartungsstrukturen" enttäuscht, sorgt dieses für erheblichen Diskussionsbedarf. Um die Spannung zwischen Freiwilligkeit (jeder gibt was er will) und normativer Erwartung (jeder soll den Zehnten geben) auszuhalten, gibt es ein zweites Identität stiftendes Merkmal: das *Prinzip Einheit und Einmütigkeit*.[58] Ähnlich wie das erste, gehört auch dieses Prinzip zu den tragenden Säulen freikirchlich verfasster Gemeinden. Weil man sich als freiwilliger Zusammenschluss aktiv *Christus* nachfolgende Gläubige („vor Ort als Glieder an dem einen Leib Christi") versteht, wird in der Regel darauf verzichtet, knappe Mehrheitsentscheidungen zu fällen bzw. sie durch zu setzen. Es gehört zum Selbstverständnis (frei nach 1 Kor 12), wenn ein Glied leidet, leiden alle mit. Das führt dazu, dass auf kein Glied und keine Meinung verzichtet werden kann und das Ziel der Leitungsverantwortlichen in einem steten „Bestreben nach innergemeindlicher Harmonie besteht".[59] Das bedeutet aber auch, dass Veränderungsprozesse oft einen langen Atem benötigen, der von Gesprächsprozessen, Gemeindeseminaren und Gebet begleitet werden muss. Dennoch gehört unter dem Strich ebenso die gelebte und oft traurige und verletzende Erfahrung dazu, „dass sich am Ende um des Prinzips von Einheit und Einmütigkeit willen die Minderheit lieber der Mehrheit

---

[56] Vgl. a.a.O. 108, Zitat ebd.
[57] Vgl. Dziewas, Warum Gemeinden sich verändern 109f.
[58] Vgl. a.a.O. 110f.
[59] Vgl. a.a.O. 111, Zitate ebd.

beugt, um den Konflikt zu beenden und sich nicht noch einmal die einschlägigen Bibelstellen und bereits mehrfach diskutierten Argumente vorhalten zu lassen". Die beiden Prinzipen Freiheit und Freiwilligkeit vs. Einheit und Einmütigkeit bleiben letztlich zwei konkurrierende Prinzipien und damit auch ein Paradoxon, dass sich nicht ganz spannungsfrei auflösen lässt. Auf der finanziellen Ebene einer Gemeinde bedeutet das, man verzichtet auf Mindestbeiträge, kommuniziert aber, den unverbindlichen Beitrag am biblischen Zehnten zu orientieren. Daraus ergibt sich nach Dziewas folgende Gegenüberstellung auf Ebene der Ortsgemeinde:[60]

Prinzip 1: Freiheit und Freiwilligkeit	Prinzip 2: Einheit und Einmütigkeit
1. Freiwillige Mitgliedschaft aufgrund persönlicher Glaubensentscheidung	1. Verbindliche Gemeinschaft von Gläubigen, die die Gemeinschaft betreffende Entscheidungen möglichst einmütig trifft
2. Persönliche Bibellektüre des Einzelnen und eigenverantwortliche Umsetzung der Erkenntnisse in den Alltag	2. Gemeinsame Suche in der Schrift nach Antworten auf gesellschaftliche Herausforderungen
3. Freiwilligkeit der Finanzierung (keine Kirchensteuern)	3. Erwartung, dass der Zehnte vom Einkommen der Gemeinde zur Verfügung gestellt wird

3.3 Formalie vs. Herzenshaltung

Versucht man die Themengebiete „christliche Finanzen", „biblische Haushalterschaft" und den „biblischen Zehnten" von der Meta-Ebene aus zu betrachten, dann wird schnell deutlich, dass man, umgangssprachlich gesagt, sehr wohl von der einen als auch von der anderen Seite des Pferdes fallen kann. Egal welche Seite man verfolgt und welches Vorverständnis für einen Bibelausleger, Lehrer oder Pastor prägend geworden ist – so besteht doch immer die Gefahr allzu schnell biblische Prinzipien für den jeweiligen Umgang unserer Finanzen abzuleiten. Egal wie wir es halten, der Umgang mit unserem Geld bleibt ein komplexes Thema, dass nie einhundertprozentig emotionslos geführt werden wird. Formen, Normen und Prinzipien tragen ihrerseits immer wieder dazu bei, sich letztlich in Gesetzmäßigkeiten und

---

[60] Vgl. a.a.O. 112f., Tabelle ebd.

Dogmen zu verstricken. Selbst die scheinbar besten und selbstlosesten Motivationen haben stets dazu beigetragen, das Thema Geld zum Götzen zu erheben - auch und mit religiöser Rechtfertigung. So machte der Reformator Calvin, der mit für die Durchsetzung der Reformation in ganz Europa verantwortlich war, die verblüffende Aussage: „Aus dem wirtschaftlichen Erfolg eines Menschen lässt sich schließen, dass er erwählt ist und in den Himmel kommt."[61] Ein Satz der nach den Erfahrungen der letzten Weltwirtschaftskrise und der maßlosen und z.T. haarsträubenden Boni-Zahlungen im Finanzsektor, einen eher fahlen Nachgeschmack hinterlässt. Gott sei`s gedankt: Unser Wissen ist Stückwerk! (1 Kor 13,9). Der Volkswirtschaftler und Soziologe Max Weber geht sogar so weit und sagt, dass die protestantische Arbeitsethik (unermüdlich, angestrengt, rastlos arbeiten bei gleichzeitiger Zurückhaltung in Konsum und Lebensgenuss) die geistige Grundlage für die Entwicklung des Kapitalismus und der Leistungsgesellschaft ist.[62] Die Lebensmaxime des methodistischen Kirchengründers John Wesley lautet: „Verdiene, so viel du kannst. Spar, so viel du kannst. Gib, soviel du kannst."[63] Ohne Frage ist das ein lobenswertes Prinzip, dennoch ist es zugleich genau diese „rücksichtslose Hingabe an den Beruf des Geldverdienens", die eine kapitalistische Wirtschaftsordnung braucht.[64] Auch wenn diese Ordnung der Motor für die Industrialisierung, Wirtschaftswachstum und letztlich auch für unsere gesellschaftspolitische Zivilisation gewesen ist, so haben heute noch Millionen von Gott geliebter Menschen unter einem System der Ausbeutung zu leiden. Obwohl die vielen negativen Wirkungen einer Existenz im Geldgefängnis und einer Glorifizierung des Mammons (Mt 6,24) bekannt sind, lebt das Gedankengut in der Kirche Jesu Christi weiter. Die Auswahl auf dem christlichen Markt der Möglichkeiten ist unerschöpflich. Christliche Ratgeber, Leitlinien und Prinzipien gibt es ohne Ende. Und doch sind viele unter dem alltagssprachlichen Motto zusammenzufassen: „Ich, mir, meiner, wir – Herr, segne uns alle vier". Ähnliches gilt für das hauptsächlich im angloamerikanischen Raum verbreitete „Wohlstandsevangelium" (Prosperity Gospel). Wer Gott liebt und Jesus konsequent nachfolgt, der hat ein perfektes Leben und erlebt finanziellen Segen. Apropos: „Das ist genau die gleiche Botschaft, die uns auch der Götze Geld verspricht, wenn wir ihn lieb

---

[61] Giudici und Simson, Der Preis des Geldes 93.
[62] Max Weber in seinem Buch: „Die protestantische Ethik und der Geist des Kapitalismus".
[63] John Wesley, zitiert nach Vieweger, Geld ist wie Meerwasser 16.
[64] Giudici und Simson, Der Preis des Geldes 95.

haben."⁶⁵ Ein nicht unwesentlich geistlicher Einwand an dieser Stelle ist sicherlich die wichtige und notwendige Differenzierung der beiden existierenden Herrschaftsbereiche (Reich Gottes / Herrschaftsbereich Satans). So kommen etwa Hill und Pitts zu der Auffassung, dass innerhalb dieser beiden Reiche auch „zwei völlig unterschiedliche und voneinander unabhängige ökonomische Systeme wirksam" sind. Während im Herrschaftsbereich Gottes das „Geben und Empfangen" im Mittelpunkt stehen, beherrschen der Mammon und das weltliche Geldsystem die Eigenschaften „kaufen und verkaufen".⁶⁶

Das Reich Gottes	Herrschaftsbereich Satans „Das Welt-System"
Angewandtes Wirtschaftssystem: **Geben und Empfangen**	Angewandtes Wirtschaftssystem: **Kaufen und Verkaufen**

Während Wachstum im Weltsystem nur durch Addition oder prozentuale Steigerung entsteht, geht Wachstum in der „Ökonomie Gottes" hingegen durch Multiplikation hervor. Das kann dazu führen, das die Größe eines Ergebnisses, die Saat bei weitem übertrifft (Mt 25,14-30; Lk 19,11-27).⁶⁷ Dennoch kann und darf Letzteres nicht als Formalie oder berechnender Faktor X in unsere „Finanzpolitischen" Überlegungen einbezogen werden. Das im Grunde Entscheidende ist und bleibt die Herzenshaltung. So schreibt Paulus zum Thema „Geben": *„Ein jeder, wie er`s sich im Herzen vorgenommen hat, nicht mit Unwillen oder aus Zwang; denn einen fröhlichen Geber hat Gott lieb"* (2.Kor 9,7). Es ist am Ende genau diese paulinische Erkenntnis, die eng mit dem jesuanischen Geist verbunden ist und letztendlich zur finalen Goldenen Regel wird. Jesus schaut auf das Herz: Dem Ort, der nach neutestamentlicher Genese einer ständigen geistlichen Erneuerung bedarf (Röm 12,2). Dem Ort, an dem nach jesuanischen Anspruch, die eigentliche Erfüllung des Gesetzes stattfindet (Mt 22,37-39). Dem Ort, an dem alle virtuelle Ethik verifiziert werden wird (Mt 5,28). Eine Geben ohne die entsprechende Herzenshaltung, so sagt es auch der Apostel Paulus, ist „nichts nütze" (1. Kor 13,3).

---

[65] A.a.O. 100.
[66] Vgl. Hill und Pitts, Mäuse, Motten & Mercedes 75, Zitat ebd.
[67] Vgl. ebd.

3.4 Geben birgt Verheißungen

Der biblische *Zehnte* steht sehr wohl auf einem biblischen Nährboden und doch ist er nicht genuin christlich. Er wurde weder von Christen im NT gefordert, noch ist er von Jesus und seinen Jüngern und den ersten Christen praktiziert worden. Inwieweit mit den „Zehnten geben" tatsächlich Segen und Verheißungen einhergehen, darüber können keine gesicherten und objektiven Angaben gemacht werden, da es darüber keine empirischen Daten gibt. Im Gegenteil, die Autoren Giudici und Simson sagen sogar:

> „In verschiedenen Gemeinden und Kirchen erhält man den Eindruck, dass »der Zehnte« nicht nur zum Lieblingsrepertoire in den Predigten des Pastors gehört, sondern eine felsenfest zementierte Finanzierungssäule des Christentums geworden ist. Warum aber etwa 80-90 % aller Kirchen, die ausdrücklich den Zehnten predigen, ausgerechnet Finanzprobleme haben, darüber herrscht Ratlosigkeit und Stillschweigen."[68]

Jesus bringt im Neuen Testament eine ganze Reihe an Neuerungen ein, die weit über die Standards des Alten Testaments hinausgehen. Zu den wichtigsten, gesellschaftspolitisch provokantesten und herausforderndsten (damals wie heute) gehört mit Abstand die Weisung (Mt 6,33):

> *„Trachtet zuerst nach dem Reich Gottes und nach seiner Gerechtigkeit, so wird euch das alles zufallen."*

Christliche Nachfolge-Ethik hat für Jesus Christus zu allererst etwas mit Bedingungslosigkeit zu tun. Er selbst gab sein Äußerstes für unser Höchstes! Obwohl er reich war, wurde er arm; arm um der Menschen willen, damit sie durch seine Armut reich würden (2. Kor 8,9). Deshalb resümiert der Baptist Fehlhaber in seinem Bericht über die fünfte Konferenz der Brandenburgischen Vereinigung 1909: „Das Trachten nach dem Reiche Gottes steht dem Jünger Jesu obenan."[69] Das Primär-Ziel aller christlichen Existenz lautet also: Gott zuerst! Und zwar in allen Lebensbezügen ihres *Seins*. Eine Lebens- und Nachfolgementalität entsteht, an der sich nicht der „homo oeconomicus" (Wirtschaftsmensch), sondern der „homo Christus" (der durch Christus verwandelte Mensch) an der Spitze befindet. Wie eine solche Nachfolge aussieht beschreibt Jesus im Lukasevangelium (21,1-4):

---

[68] Giudici und Simson, Der Preis des Geldes 181.
[69] Fehlhaber, Des Christen Stellung zum irdischen Gut, Einleitung.

> „Er [Jesus] blickte aber auf und sah, wie die Reichen ihre Opfer in den Gotteskasten einlegten. Er sah aber auch eine arme Witwe, die legte dort zwei Scherflein ein. Und er sprach: Wahrlich, ich sage euch: Diese arme Witwe hat mehr als sie alle eingelegt. Denn diese alle haben etwas von ihrem Überfluss zu den Opfern gelegt; sie aber hat von ihrer Armut alles eingelegt, was sie zum Leben hatte."

Wenn man im Blick auf das Geben (im weitesten Sinne auch auf das *Zehnten geben*) im NT so etwas wie einen Musterfall sucht, dann ist dieser Text unser Präzedenzfall. Dass Investitionen ins Reich Gottes niemals Fehlinvestitionen sind, dass finden wir auch an anderer Stelle (Lk 6,38 und 2. Kor 9,6):

> „Gebt, so wird euch gegeben. Ein volles, gedrücktes, gerütteltes und überfließendes Maß wird man in euren Schoß geben; denn eben mit dem Maß, mit dem ihr messt, wird man euch wieder messen."

> „Wer da kärglich sät, der wird auch kärglich ernten; und wer da sät im Segen, der wird auch ernten im Segen."

Diese Aussagen bleiben gleichfalls freilich subjektiv und empirisch nicht nachweisbar. Und doch gehört es zur Erkenntnis vieler Millionen Gläubiger, dass Nachfolge-Gehorsam als Türöffner für Gottes Verheißungen und Segnungen fungieren können! So gehört es zum Erfahrungsschatz des Autors, dass Gott sich nichts schenken lässt. Neben den positiven Aspekten einer Freigiebigkeit im Geben (Segen und Verheißungen) auf der einen Seite, verbinden sich mit dem Nicht-Geben auf der anderen Seite aber auch prophetisch-kritische Aspekte. So bekommt das Geben bzw. das Nicht-Geben in den Perikopen vom reichen Mann und armen Lazarus (Lk 16,19-31) und dem reichen Jüngling (Lk 18,18-27) sogar eschatologischen Charakter. Nicht zuletzt bleibt an dieser Stelle erwähnenswert, dass all unser Gut und unsere Besitztümer nicht unser Eigen sind (Ps 24,1; Joh 1,11). Fehlhaber schreibt dazu:

> „[Ein Christ] muss sich vor allem stets daran erinnern, daß er nicht Eigentümer, sondern nur Verwalter seiner Güter ist. Unser Gut ist Gottes. Wir dürfen es also nicht auf beliebige Weise verwenden. Ja, wir haben kein Recht, auch nur einen Teil als Eigentum anzusehen. Alles ohne Abzug ist des Herrn Eigentum."[70]

---

[70] Fehlhaber, Des Christen Stellung zum irdischen Gut. Seitenangabe?.

Die Frage die sich daraus ableiten lässt, lautet nun nicht mehr: Kann man es sich leisten, 10 Prozent seines Eigentums an Gott abzugeben? Sondern: Kann man sich leisten, mehr als 90 Prozent von Gottes Eigentum für sich zu behalten? Damit steht nun nicht nur die Frage nach der Bedingungslosigkeit, sondern auch die Frage nach der Verhältnismäßigkeit auf dem Plan. So ist es etwa nach Fehlhaber unzulässig, dreimal mehr im Jahr für Luxusgüter auszugeben als für die Sache Jesu. Dem schließt sich Rohde an und sagt, „dass wir nicht zu Hause besser leben sollten als in der Gemeinde".[71] Fehlhaber resümiert:

I.	„[Es] sollte jeder seine bestimmte Summe dem Herrn geben."
II.	„Richtig ist das regelmäßige Geben, weil des Herrn Sache regelmäßig wiederkehrende Ausgaben hat."[72]

---

[71] Vgl. a.a.O. 71 und Rohde, Wenn plötzlich Geld auftaucht und ein Priester vorbeikommt 11. „Das Motto: ‚Ich kaufe mir ein neues Sofa… für die Jugendgruppe ist das alte doch noch gut genug…' Oder ‚Ich kaufe mir neues Geschirr, da kann ich das Alte ja der Gemeinde spenden' sollte der Vergangenheit angehören." Rohde, ebd.
[72] Fehlhaber, Fehlhaber, Des Christen Stellung zum irdischen Gut. Seitenangabe?.

4. Theologische Wertung und kritische Würdigung

4.1 Zusammenfassung

Die vorhergehenden Auseinandersetzungen zeigen, dass der *Zehnte* etwas mit Segen zu tun. Die ersten alttestamentlichen Zeugnisse haben erkennbar gemacht, dass der *Zehnte* weniger als Aktion, sondern als Reaktion und als Antwort auf das Beschenkt werden von Gott zu verstehen ist. Dabei ist interessant, das der Segen und die bes. Gottesbegegnung (bei Abraham und Jakob) dem *Zehnten* voraus gegangen ist. Auch die innere Haltung bei beiden ist spannend, denn die Zehntabgaben sind nicht mit Unwillen (noch mit Zähne knirschen) begleitet, sondern vielmehr von Freude und Dankbarkeit. Eine weitere Dimension des *Zehnten* ist, dass er auch als Abgabe für das Gemeinwohl am Königshof bekannt war und in vielen Ländern und Kulturen als eine Selbstverständlichkeit galt. So lässt sich etwa erkennen, das die Einbindung des *Zehnten* in den Sieben-Jahres-Zyklus, insbesondere in den Abgaben für die Armen und der alle sieben Jahre stattfindende Schuldenerlass, eine wichtige Inklusions-Säule darstellt und vielen Notleidenden gesellschaftliche Teilhabe und sogar so etwas wie eine „Sozialversicherung" garantierte. Auch als Opfer findet der *Zehnte* Erwähnung, wobei wahrgenommen werden muss, dass er als solches ausgesprochen positiv konnotiert ist und eine fröhliche Absicht verfolgte. So war er etwa dafür bestimmt, die Feierlichkeiten am Heiligtum entsprechend auszustatten, was wiederum den Menschen zur Selbstversorgung zu Gute kam. Als Finanzierung des Tempelpersonals hat der *Zehnte* weiterhin eine wichtige Rolle gespielt, der so einen kontinuierlichen Dienst der hauptamtlichen Mitarbeiter und deren Versorgung sichergestellt hat. Neben dem funktionalen Gebrauch des *Zehnten*, formt sich aber auch Anstoß gegen den formalen *Zehnten*. So schlägt etwa der prophetische Protest des AT eine Brücke ins NT und verbindet sich dort mit dem Einspruch Jesu. Es wird deutlich, dass der *Zehnte* keiner frommen Ersatzleistung entspricht, die dazu in der Lage ist, mangelhaftes geistliches Verhalten auszugleichen. Gleichwohl begegnet uns der *Zehnte* beim Propheten Maleachi auch in einem Tun-Ergehen-Zusammenhang, der im NT im Blick auf das Geben insgesamt fortgesetzt wird.

Vor dem Hintergrund der historischen Entwicklungen wurde deutlich, dass Anspruch und Wirklichkeit im Blick auf die Zehnten-Praxis auch im Judentum auseinander klafften und nicht immer spannungsfrei verliefen. Dagegen war für die Entwicklungen im frühen Christentum der formale *Zehnte* nur sekundär. So galt es primär die Emanzipation vom mosaischen Gesetz dahin gehend zu leben, freiwillig mehr als den vom alten Bund geforderten *Zehnten* zu geben. Erst mit dem Einsetzten eines offensichtlich moralischen Niedergangs in der verbindlichen Christus-Nachfolge, erlebte der biblische Zehnte (vor allem mangels Finanzkapazitäten) eine Renaissance – bis dahin, dass er für die kirchenpolitischen Entwicklungen der Reichskirche instrumentalisiert wurde. Die Reformatoren verband mit den Theologen des frühen Christentums die theologische Einsicht, dass dem *Zehnten* keine theologische Bedeutung zukommt. Gleichwohl galt er ihnen als eine sinnvolle und ökonomische Handlung, die den kirchlichen Betrieb am Leben erhielt und zudem außerordentlich sozialverträglich arrangiert ist. Damit aber erhielt der Zehnte bis zu seiner Abschaffung den Impetus einer Steuer und knüpfte damit an eine alttestamentliche Tradition.

Die Ausführungen in Kapitel 3 zeigen auf, dass die Themenstellung komplex ist und mit einer Reihe anderer Themen korrespondiert. Da ist zunächst die Unterscheidung von Gesetz und Evangelium. Freikirchliche Bibelauslegung lebt von einer großen Leidenschaft und einem ungebremsten Willen, die eigene Nachfolge-Ethik schriftgemäß zu rechtfertigen. Leider verkennt sie an mancher Stelle den eigenen „blinden Fleck". Das führt dazu, dass ohne Kenntnis des jeweiligen Vorverständnisses, Beobachtungen allzu schnell zu dogmatischen Lehrentscheidungen führen, die dann ihrerseits einer theologisch reflektierten Urteilsfindung im Weg stehen können. So braucht es etwa eine Grundkenntnis darüber, dass letztlich Christus allein die Mitte der Schrift ist und die in ihm offenbarte Gnade der Schlüssel zum Verstehen der Heiligen Schrift bleibt.

Einer besonderen Beachtung bedarf es aus der Perspektive des Autors, die zwei konstituierenden und konkurrierenden Prinzipien „Freiheit und Freiwilligkeit" sowie „Einheit und Einmütigkeit" im Blick zu behalten. Ohne Frage lassen sich diese beiden Prinzipien im Gemeindealltag nicht ohne weiteres auflösen – vielleicht bleibt nur die Herausforderung, sie in einer Waage zu halten. Auf jeden Fall sind sie ein hohes Gut, welches weder gegen das eine noch gegen das andere ausgespielt werden darf. Im Reich Gottes geht es weniger um Richtigkeiten als vielmehr um Wichtigkeiten. Dazu gehört, dass die Herzenshaltung der Formalie weit überlegen ist. Es war die Liebe, an der Generationen von Gläubigen die Existenz Gottes erkannt haben. Und es ist die Liebe, an der auch die christliche Existenz in dieser Welt erkannt werden muss. Und so muss es auch die Liebe sein, die in allem

Geben ihr heiligster Antreiber ist – ohne sie, bleibt alles zu nichts nütze. Ist aber die bedingungslose Liebe das entscheidende Moment einer Praxis des Gebens, einer Praxis die weiß, dass alles und zwar zu 100 Prozent alles an vermeintlichem Eigentum aus Gottes Händen kommt, dann ist Segen und Verheißung die daraus folgende Konsequenz. Ein Bild, das uns im Idealbild der armen Witwe vor Augen steht und ein Bild, das nur der durch Christus verwandelte Mensch zu begreifen vermag. So folgt der Hingabe im Säen die Ausgabe im Ernten.

4.2 Kritische Würdigung

Der Verlauf der vorliegenden Arbeit dokumentiert, dass das Thema „Zehnter" ein vielschichtiges und umfassendes Thema ist, auf das es keine schnelle Antwort gibt. Nicht zuletzt, weil der *Zehnte* etwas mit unserem Geld zu tun hat. Die einleitenden Ausführungen in den Prolegomena haben verdeutlicht, dass Geld nicht grundsätzlich schlecht ist. Gleichwohl kann dem aufmerksamen Leser der Heiligen Schrift nicht entgehen, dass vor der Macht des Geldes ausdrücklich gewarnt wird. Es gibt sowohl die helle als auch die dunkle Seite des Geldes – beide hat Jesus nicht verschwiegen. Für die Gegenwart gilt: „Geld hat in der modernen Gesellschaft auf dämonische Weise die Rolle an sich gerissen, die der Heilige Geist in der Kirche haben soll."[73] Vor diesem Hintergrund braucht es zunächst eine Entmythologisierung[74] zweier vorherrschender Verzerrungen. Geld ist weder ein sicheres Zeichen für den Segen Gottes, noch kann es als eine völlig neutrale und unpersönliche Sache betrachtet werden. In dem Abschnitt über das „Scherflein und die Witwe" (s.o.) wird uns gezeigt, wie Jesus das Treiben am Opferkasten aufmerksam studierte. Er schaute nicht verlegen zur Seite, als wäre er in den Privatbereich eines anderen eingedrungen, sondern er betrachtet dies als eine öffentliche Angelegenheit, um anschließend über das Geben zu lehren.[75] Obwohl Jesus den biblischen *Zehnten* nicht ausdrücklich lehrte, ihn sogar kritisierte, so ist seine Botschaft zum Thema Geben weitaus radikaler als die im Alten Testament: Ein Christ steht weder unter dem Gesetz des alten Bundes noch ist er verpflichtet den *Zehnten* abzugeben.

---

[73] Thomas Merton, in: Foster, Geld, Sex und Macht 22.
[74] Der Begriff „Entmythologisierung" ist hier nicht in Anlehnung an Bultmanns existenzieller Schriftinterpretation zu verstehen, sondern völlig wertfrei zu begreifen.
[75] Vgl. Foster, Geld, Sex und Macht 22ff.

Aber auch wenn es letztlich eine Gewissensfrage bleibt, wie wir Geben, so sind die neutestamentlichen Vorbilder für dem Umgang mit unserem Geld doch auch tadelnd: Zachäus gab die Hälfte seines Besitzes den Armen (Lk 19,1-10); Die Arme Witwe gab alles (Lk 21,1-4); Die ersten Christen gingen über den Zehnten weit hinaus und hielten Gütergemeinschaft (Apg 2,45). Bedeutsam ist dabei folgender Vers (Apg 4,32):

> *„Auch nicht einer sagte von seinen Gütern, dass sie sein wären, sondern es war ihnen alles gemeinsam."*

Es ist letztlich diese Erkenntnis, die das Thema „Geben" zu einem Imperativ im Infinitiv macht. Das bedeutet, es gibt eine stille und leise Aufforderung, als Dank in von Gott gegebenen Verhältnissen zu leben, Gottes Eigentum wiederum in aller Freigiebigkeit auszuteilen. Um noch einmal Fehlhaber zu Wort kommen zu lassen: „Welch ein Schaden entsteht aus dem Zurückhalten dessen, was des Herrn ist? Ein persönlicher Schaden. Denn wer kärglich sät, wird auch kärglich ernten."[76] Daraus aber lässt sich ein Schaubild ableiten, dass wiederum konstituierend für unsere ganze christliche Existenz ist:

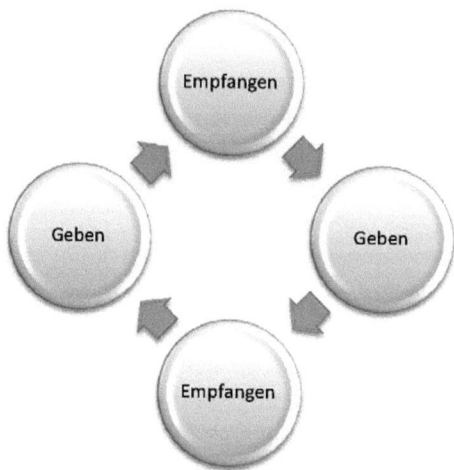

Wir können überhaupt nur Gebende sein, weil wir zur allererst Empfangende sind. Wiederum sind wir Empfangende, weil wir in unserem Glauben und unserer Nachfolge Gottvertrauende sind.

---

[76] Fehlhaber, Des Christen Stellung zum irdischen Gut. Seitenangabe?.

Für die Praxis aber ergibt sich in aller Freiheit und Freiwilligkeit die Frage der Praktikabilität des Gebens. Ein Sprichwort sagt: „Geld ist ein schlechter Herr, aber ein guter Diener!" Damit der Diener aber auch ein verlässlicher Partner wird braucht es Richtlinien und Organisationsstrukturen. So lässt sich mit Rohde feststellen:

> „Es gehört [zum] Verständnis der Schrift, dass sich im Alten Testament Strukturen finden lassen, die an göttlicher Weisheit nichts verloren haben, sondern die [...] zur Orientierung nach dem Wort Gottes werden können, wenn wir sie bedenken und aktualisieren."[77]

Der biblische *Zehnte* aber kann genau so eine am Wort Gottes orientierte Aktualisierung sein. Er wird es dann, wenn er zu keiner dogmatischen Vorschreibung, sondern zu einer heilsamen Beschreibung heranreift. Der Zehnte darf weder Mittel zum Zweck sein, noch darf er für die „Finanzpolitik" der Gemeinde instrumentalisiert werden. Erst unter Beachtung der Goldenen Regel (s.o.) und dem angewandten Wissen, dass die Liebe zu Gott die Basis für jede Art der Gemeindefinanzierung ist, kann „ein volles, gedrücktes, gerütteltes und überfließendes Maß [in unseren] Schoß" gegeben werden (Lk 6,38). Damit aber ist der *Zehnte* eine sinnvolle und gesegnete „Gehhilfe" für eine verlässliche Gemeindefinanzierung und damit Grundlage für die vielfältigen Aufgaben einer freikirchlich verfassten Ortsgemeinde.

---

[77] Rohde, Wenn plötzlich Geld auftaucht und ein Priester vorbeikommt 6.

4.3 Sieben Thesen für die Kommunikation in die Gemeinde

I. Der *Zehnte* – biblisch, aber nicht christlich

Der biblische *Zehnte* steht sehr wohl auf einem biblischen Nährboden, und doch ist er nicht genuin christlich.

II. Der *Zehnte* – ein Relikt vergangener Zeit

Ja und Nein. Ja, in seiner unbedingten Forderung nach Erfüllung. Nein, in seiner heilsamen Aktualisierung.

III. Der *Zehnte* – Stolperstein und Sprungbrett

Er bleibt ein Stolperstein, wenn er zur frommen Ersatzleistung degradiert ist. Zum Sprungbrett wird er dagegen, wenn er unter Beachtung der Goldenen Regel einer Ortsgemeinde zum Leben und Arbeiten verhilft.

IV. Der *Zehnte* – Freiwillig aber sinnvoll

Das Entscheidende ist, eine gute Balance zwischen Freiheit und Verbindlichkeit zu finden. Keine Gemeindefinanzierung kann auf Dauer funktionieren, wenn Gemeindeglieder nur in Momenten von Lust und Laune ihren Anteil geben.

V. Der *Zehnte* – nicht unser Eigentum

Genauso wenig wie die restlichen 90 Prozent unser Eigentum sind. Wir sind keine Besitzer, sondern Verwalter. Als Verwalter aber tragen wir Verantwortung für die uns anvertrauten Güter.

VI. Der *Zehnte* – keine Fehlinvestition

Investitionen ins Reich Gottes sind niemals Fehlinvestitionen. Wer empfängt, der gibt. Und wer gibt, der empfängt.

VII. Der *Zehnte* – eine „Gehhilfe" für unsere Gemeindefinanzierung

Ist die Liebe zu Gott der einzige Antreiber den Zehnten zu geben, dann ist er eine sinnvolle und gesegnete Grundlage unserer Gemeindefinanzierung.

> „Ein jeder, wie er`s sich im Herzen vorgenommen hat, nicht mit Unwillen oder aus Zwang; denn einen fröhlichen Geber hat Gott lieb."
> -2. Kor 9,7-

Anhang: Drei Predigten zum Thema „Christsein und Finanzen"

Christsein – und das Verhältnis zum lieben Geld!
(Haggai 1,2-10)

„Ich wär so gerne Millionär, dann wär mein Konto niemals leer." Mit diesem Titel landete die Band *„Die Prinzen"* 1991 ihren ersten großen Hit – und ihre Bandmitglieder sind über Nacht das geworden, was sie in ihrem Lied so sehnsuchtsvoll besingen – Millionäre!

„Ich wär so gerne Millionär, dann wär mein Konto niemals leer." Wochenlang konnte sich der Song in den deutschen Charts halten – und er ist bis heute ein Ausdruck für die subtile Sehnsucht, irgendwann einmal keine Geldsorgen mehr zu haben. Im Feuilleton einer großen deutschen Zeitung habe ich gelesen, dass der Mensch ein rationaler Egoist sei, der immer nur den eigenen Vorteil suchte. Manche Sozialwissenschaftler gehen sogar so weit und bezeichnen den Menschen der Gegenwart gar als einen „Homo oeconomicus" (einen Wirtschaftsmenschen). Der Mensch, ein rationaler und berechnender Agent, ständig das Ziel vor Augen, den eigenen Gewinn und Nutzen zu maximieren. Eine Lebensmentalität, die (abgesehen von einigen Kapitalismuskritikern) kaum noch in Frage gestellt wird. Sie ist normal und wird praktiziert, vom kleinsten Angestellten bis hin zum großen Konzernchef. Jeder der sich auf seine Weise bereichern kann, der tut es. Angefeuert, unterstützt und salonfähig wird diese Mentalität des Haben-Wollens auch noch durch öffentlichkeitswirksame Werbeslogans, wie z.B.: „Geiz ist geil"!

Haben, Besitzen, Horten, Anhäufen, Sammeln, Hamstern und Aufbewahren, das ist des Menschen Ding – und das fällt uns relativ leicht! Teilen, Abgeben, Zuwenden, Verschenken, Spenden, Überlassen und Hergeben, das ist schon weniger unser Ding – und fällt in der Regel sehr viel schwerer. Mir geht es heute nicht darum, einer allgemeinen Sozialkritik das Wort zu reden, sondern zu fragen, in welchem Verhältnis wir als Christen zu den uns anvertrauten Ressourcen stehen sollten. Beim Propheten Jeremia heißt es, Gottes Wort ist *„wie ein Hammer"* (23,29). Und Gemeinde ist der Ort, an dem uns der *Hammer* Gottes treffen muss. Hammerhart ist heute auch der Predigttext, denn er hat das Potenzial, dem *„Homo oeconomicus"* an seiner empfindlichsten Stelle zu treffen.

Der Predigttext für heute steht im Propheten Haggai 1,2-10 (LUT):

> *2 So spricht der Herr der Heerscharen: Dies Volk spricht: Die Zeit ist noch nicht da, dass man des Herrn Haus baue. 3 Und des Herrn Wort geschah durch den Propheten Haggai: 4 Aber eure Zeit ist da, dass ihr in getäfelten Häusern wohnt, und dies Haus muss wüst stehen! 5 Nun, so spricht der Herr der Heerscharen: Achtet doch darauf, wie es euch geht: 6 Ihr sät viel und bringt wenig ein; ihr esst und werdet doch nicht satt; ihr trinkt und bleibt doch durstig; ihr kleidet euch und könnt euch doch nicht wärmen; und wer Geld verdient, der legt`s in einen löchrigen Beutel. 7 So spricht der Herr der Heerscharen: Achtet doch darauf, wie es euch geht! 8 Geht hin auf das Gebirge und holt Holz und baut das Haus! Das soll mir angenehm sein, und ich will meine Herrlichkeit erweisen, spricht der Herr. 9 Denn ihr erwartet wohl viel, aber siehe, es wird wenig; und wenn ihr`s schon heimbringt, so blase ich`s weg. Warum das?, spricht der Herr der Heerscharen. Weil mein Haus so wüst dasteht und ein jeder nur eilt, für sein Haus zu sorgen. 10 Darum hat der Himmel über euch den Tau zurückgehalten und das Erdreich sein Gewächs.*

Wir befinden uns mit diesem Text im Jahr 520 v. Chr. Das Volk Israel hatte seine erste Deportation überlebt und war aus dem Exil (der babylonischen Gefangenschaft) zurückgekehrt. Die Menschen hatten damit begonnen, ihr Land wieder aufzubauen, allerdings kam der Tempelbau (durch Kämpfe mit Nachbarvölkern) zum Erliegen und wurde nicht beendet. Irgendwann verrückten die Prioritäten und es geschah, dass die Tempel-Baustelle brach lag und sich nichts mehr rührte. Sechzehn Jahre lang ließ der zurückgekehrte Überrest der Juden den Wiederaufbau des Tempels auf sich beruhen. Und genau in diese Zeit tritt der Prophet Haggai auf - einer von insgesamt drei nachexilischen Propheten (Haggei, Sacharja und Maleachi). Der Auftrag des Haggai bestand darin, die trägen Juden zu ermahnen und dazu zu bewegen, die Arbeiten am Haus Gottes wieder aufzunehmen. (Propheten traten im Alten Testament immer genau dann auf, wenn irgendetwas mächtig in die Schieflage geraten ist.)

1. Schieflage – Selbstsucht

Um welche Schieflage es sich bei den zurückgekehrten Juden genau handelt, wird deutlich, wenn wir die beiden ersten Verse besonders betrachten:

2 Gott spricht:	3 Gott spricht durch seinen Propheten:
Das Volk sagt: **Die Zeit ist noch nicht da**, dass man des Herrn Haus baue!	**Aber eure Zeit ist da**, dass ihr in getäfelten Häusern wohnt, aber mein Haus verödet!

Das was Gott hier durch seinen Propheten den Menschen mitteilen lässt, ist mit einem mächtigen Hammerschlag auf einen Amboss zu vergleichen. Mehr noch: Es sind Worte wie ein Hammerschlag, der einen gewaltigen Graben zwischen den Menschen und Gott aufreißt, oder besser gesagt, der den bereits existierenden Graben zwischen Mensch und Gott anzeigt! Hier ist mächtig etwas in die Schieflage geraten!

Die beiden wichtigsten Aussagen lauten: *„Die Zeit ist noch nicht da"* <<< >>> *„Aber eure Zeit ist da"*. Beide Sätze korrespondieren miteinander: Sie stehen miteinander in Beziehung und zeigen die Beziehungslosigkeit, die zwischen Gott und Mensch aufgerissen ist. Während die Tempelbaustelle vor sich hin modert und die Menschen sich damit rechtfertigen, dass *„die Zeit noch nicht da ist"*, an Gottes Haus zu bauen, antwortet Gott durch seinen Propheten in fast ironischer Weise mit einer rhetorischen Frage: *„Ist es für euch selber an der Zeit, in euren getäfelten Häusern zu wohnen, während dieses [mein] Haus verödet daliegt?"*

Das was hier den Hammerschlag noch lauter zum Erklingen bringt und den Graben zwischen Mensch und Gott noch tiefer erscheinen lässt, ist weiterer Gegensatz.

Ein gesteigerter Gegensatz, der darin besteht, dass Gott sagt:	
„Ihr wohnt in getäfelten Häusern"	„Mein Haus aber steht wüst und leer und verödet"

Das, was Gott hier gegenüberstellt, kommt einer provozierenden Überspitzung gleich. Während die Menschen in getäfelten Häusern wohnen, steht das Haus Gottes wüst und leer. Der Ausdruck „getäfelt" (hebr. *saphan*) bezeichnet dekorative Wandpaneele...bis vor einigen Jahren der letzte Schrei in der Inneneinrichtung! Dieses kleine scheinbar unbedeutende Wort, setzt dem ganzen nicht nur die Krone auf, sondern ist die sichtbare Spitze des Eisbergs. Während die Menschen Zeit und Geld hatten, ihre Häuser mit dekorativen Wandpaneelen auszukleiden...war keine Zeit und kein Geld da, wenigstens die grundlegende Statik des Hauses Gottes in Ordnung zu bringen. „Getäfelt", ein kleines Wort, das die ganze Verhältnislosigkeit der Menschen damals und ihre Beziehungslosigkeit zu ihrem Gott und Herrn anzeigt. Haggai ruft den Menschen wie mit einem Hammerschlag zu, das die tiefste Ursache ihres Versagens (und damit ihre erbärmliche Lage), in ihrer eigenen Selbstsucht begründet liegt. Die Schieflage, in die sich die Menschen selbst hinein gebracht haben, heißt „Selbstsucht".

2. Gott zuerst – Gehorsam als Türöffner für Gottes Verheißungen

Diese Schieflage ist aus Gottes Perspektive Sünde – und damit nicht in Ordnung. Die Sünde und die Verhältnislosigkeit werden dadurch ans Licht gebracht, indem Gott seinen Segen zurückhält. Gott sagt:

„Achtet doch darauf, wie es euch geht [Richtet euer Herz auf eure Wege]: Ihr sät viel und bringt wenig ein; ihr esst und werdet doch nicht satt; ihr trinkt und bleibt doch durstig; ihr kleidet euch und könnt euch doch nicht wärmen; und wer Geld verdient, der legt`s in einen löchrigen Beutel."

Was Gott hier macht: Nun er hält den Menschen einen Spiegel vor – er lädt sie ein, ihr Leben einmal von der Vogelperspektive zu betrachten und die Folgen ihres selbstsüchtigen Lebens selber festzustellen. Egal, was für materielle Erfolge sie einfahren – nichts von dem hat Bestand. Unabhängig davon, wie schnell die Dinge oben in einen Sack hinein getan wurden, sie fallen alle unten wieder raus. *„Wer sein Geld verdient, der legt`s in einen löchrigen Beutel."* Und Gott spricht weiter (und es ist bezeichnend), dass er noch einmal mit genau demselben Satz anfängt:

„Achtet doch darauf, wie es euch geht! [Richtet euer Herz auf eure Wege]: Geht hin auf das Gebirge und holt Holz und baut das Haus! Das soll mir angenehm sein, und ich will meine Herrlichkeit erweisen, spricht der Herr. 9 Denn ihr erwartet wohl viel, aber siehe, es wird wenig; und wenn ihr`s schon heimbringt, so blase ich`s weg. Warum das?, spricht der Herr der Heerscharen. Weil mein Haus so wüst dasteht und ein jeder nur eilt, für sein Haus zu sorgen."

Was Gott hier macht: Er stellt den Menschen nicht nur ihre eigene Erfolgslosigkeit vor Augen, sondern er liefert ihnen auch die Begründung dafür: Alle Fruchtlosigkeit des Lebens und der Arbeit resultiert aus der unvernünftigen Haushalterschaft (nur an sich zu denken). Gott selbst sagt: *„Weil **mein** Haus so wüst dasteht und ein jeder nur eilt, für **sein** Haus zu sorgen."* Und Gott sagt auch: *„Ich selbst bin es, der es hinweg bläst."* Und dann kommt der finale Satz: *„Darum hat der Himmel über euch den Tau zurückgehalten und das Erdreich sein Gewächs."* Das was Gott hier zum Ausdruck bringt ist, dass das eigene Ergehen im Wirtschaften ein Gradmesser dafür ist, wie unsere momentane Beziehung zu Gott ausgestaltet ist. Und genau deshalb fordert Gott die Menschen zum Umdenken auf – um ihrer selbst willen. Und nicht nur dass, sondern Gott fordert den Menschen auf, es doch auf eine Gegenprobe ankommen zu lassen. Denn er sagt: *„Geht hin auf das Gebirge und holt Holz und baut das Haus! [und ihr werdet sehen] Das soll mir angenehm sein, und ich will meine Herrlichkeit erweisen, spricht der Herr."* Das, was Haggai als wichtige Botschaft Gottes für die Menschen im Gepäck hatte, lautet in seiner Schlichtheit: Gott zuerst! Und wenn man unter diese prägnante Botschaft noch einen Untertitel setzten müsste, um die Auskunft zu präzisieren, dann muss man sagen: Menschlicher Gehorsam fungiert als Türöffner für Gottes Verheißungen und Segnungen!

3. Christliche Haushalterschaft

Die entscheidende Frage lautet nun, wie bekommen wir diese Aussage in unsere Zeit übertragen? Sind segenslose Zeiten auch heute noch ein Kennzeichen für ein mangelndes Interesse an Gott? Sind segenslose Zeiten auch heute noch ein Kennzeichen dafür, das etwas bei uns in die Schieflage geraten ist oder ein Gradmesser für Selbstsucht in unserem Leben? Es gibt Bibelausleger, die würden diese Frage sofort mit „Ja" beantworten, da sie alles ohnehin ohne Reflektion 1 zu 1 in unsere Zeit übertragen! Aber wer das tut, der schnürt die Bibel nicht nur in ein Korsett, sondern der tut sich selbst und seiner Umwelt Gewalt damit an. Ich plädiere deshalb sehr für eine heilsgeschichtliche Auslegung der Bibel.

Die Bibel unterscheidet sehr sorgfältig zwischen dem Israel des Alten Bundes und der christlichen Gemeinde des Neuen Bundes, ohne dass dies auf Kosten Israels geht. Immer wieder stellt das NT Kontinuität und Diskontinuität zwischen „altem" und „neuem" Gottesvolk heraus. Also zwischen dem Volk Israel und der Gemeinde Jesu. Es gibt im Neuen Testament (Gott sei Dank) keinen unmittelbaren Zusammenhang mehr zwischen unserem Tun und unserem Ergehen. Wir leben nicht mehr unter dem Gesetz, sondern im Zeitalter der Gnade! Das ist wichtig, dass wir das verstehen. Es gibt nichts, was wir uns verdienen könnten oder müssten! Sondern Gott sagt: *„Lass dir an meiner Gnade genügen."* Das ist fürs Grundsätzliche wichtig. Aus dem Blickwinkel des Neuen Testaments kann man nicht ohne weiteres behaupten, dass das eigene Ergehen im Wirtschaften ein Gradmesser dafür ist, wie es zwischen Mensch und Gott steht. Aber aus dem Blickwinkel des Neuen Testaments, sind wir dazu eingeladen, es auf eine Gegenprobe ankommen zu lassen. Denn Jesus sagt: *„Trachtet zuerst nach dem Reich Gottes und nach seiner Gerechtigkeit, so wird euch alles zufallen."* (Mt 6,33) Und Jesus sagt auch: *„Geben ist seliger als nehmen."* (Apg 20,35) Oder etwas anders ausgedrückt: Auf dem Geben liegt ein größerer Segen als auf dem Nehmen.

Wer darauf verzichtet, etwas in Gottes Reich zu geben und es auch ganz praktisch unterstützt, der zieht keinen Fluch auf sich, aber er entzieht sich dem Segen Gottes. Eine gute und christliche Haushalterschaft steht immer dann auf einem sicheren Fundament, wenn sie Gott als Erstes bedenkt. Denn: An Gottes Segen ist alles gelegen! Vor diesem Hintergrund ist der heutige Predigttext ein Indikator, sich selbst einmal ganz kritisch zu fragen: In welchem Verhältnis stehen die materiellen Investitionen in mein Leben mit dem, was ich ins Reich Gottes investiere? Gibt es vielleicht auch in meinem Leben einen gehörigen Gegensatz zwischen den getäfelten Wänden in meiner eigenen Behausung und dem, was ich in Gottes Reich gebe?

Teilen, Abgeben, Zuwenden, Verschenken, Spenden, Überlassen und Hergeben sind denkbar schlechte Forderungen, inmitten einer Welt des Haben-Wollens. *„Ich wär' so gerne Millionär, dann wär mein Konto niemals leer."* Ich glaube, auch wenn wir vielleicht niemals Millionäre sein werden, trotzdem auch dann niemals mit einem leeren Konto leben müssen, wenn wir zu allererst nach seinem Reich trachten. In diesem Sinne wünsche ich mir eine erneuerte Lebensmentalität. Eine Lebensmentalität, an der nicht der „homo oeconomicus" (Wirtschaftsmensch) an der Spitze steht, sondern der „homo Christus" (der durch Christus verwandelte Mensch) der sagen kann: „Gott zuerst!" Denn: An Gottes Segen ist alles gelegen!

Amen.

Lass dein Geld übers Wasser fahren!
(Prediger 11, 1-5)

Ich möchte meine Predigt heute damit beginnen, in dem ich eine kleine Anekdote verlese:

> „Der Sekretär des englischen Staatsmannes Oliver Cromwell wurde nach Europa geschickt, um wichtige Geschäfte zu erledigen. Er übernachtete in einer Hafenstadt und wälzte sich schlaflos in seinem Bett hin und her. Nach alter Sitte übernachtete sein Diener mit ihm im gleichen Raum und der schlief wunderbar tief und ruhig.
> Als der Sekretär nicht mehr wusste, was er machen sollte, weckte er seinen Diener. Der fragte erstaunt, warum er denn nicht schlafen könne.
> ‚Ich fürchte, etwas wird auf dieser Reise schief gehen', war die Antwort des Sekretärs.
> ‚Mein Herr', sagte der Diener, ‚darf ich Ihnen ein paar Fragen stellen? Hat Gott die Welt regiert, bevor Sie geboren wurden?'
> ‚Ganz gewiss tat er das', meinte der Sekretär.
> ‚Und wird er sie auch weiter regieren, wenn Sie tot sind?', fragte der Diener.
> ‚Sicher wird er das', entgegnete sein Herr.
> ‚Dann mein Herr, lassen Sie ihn doch auch die Gegenwart regieren!'
> In wenigen Minuten schliefen beide, der Sekretär und sein Diener, tief und ruhig."[78]

Liebe Gemeinde, Gott regiert die Welt! Eine wunderbare Aussage – und eine wunderbare Anekdote aus dem 17. Jhd. die uns das vergegenwärtigt! „Gott regiert die Welt" oder doch „Geld regiert die Welt"?

Eine bekanntes Sprichwort lautet: „Geld schläft nicht!" Eine Aussage, die vor allem darauf abzielt, dass Geld ständig arbeitet. Es vermehrt sich, es verringert sich, es ist ständig in Bewegung (an den Börsen dieser Welt) – es schläft nicht! Aber ich denke, dass diese Aussage auch anders zu verstehen ist. Gedanken, die sich ums Geld drehen, sind schlaflose Gedanken! Wir haben in der Anekdote gelesen, dass der Sekretär des englischen Staatsmannes in Europa zu Geschäften unterwegs war. Es ist sehr wahrscheinlich, dass es sich bei den Geschäften auch um Geldgeschäfte handelte und der Grund für seine schlaflosen Gedanken Geldgedanken waren. Denn die Sorge ums Geld schläft nicht. Schlaflose Gedanken wegen Geld zu haben, ich denke, dass das für niemand von uns fremd ist (Bafög-Rückzahlung, Bremsen-Reparatur, Kitabeiträge, Zahnersatz, usw.). Aber ist

---
[78] Quelle unbekannt.

es deshalb wirklich zulässig, zu sagen: „Geld regiert die Welt"? Nun, Geld regiert unsere Gedanken! Und was unsere Gedanken regiert, regiert unser Handeln! Und was unser Handeln regiert, dass regiert das Gestalten dieser Welt! Und damit liegt eine Wahrheit in diesem Vers.

Wie wichtig ist Geld? Wir reden nicht gern darüber: „Über Geld spricht man nicht!" Am liebsten sagen wir, dass es uns nicht interessiert. Dabei ist es die Grundlage unseres Lebens! Wir gehen arbeiten, um es zu verdienen. Wir geben es aus, um davon zu leben.

Geld spielt in unserer Welt eine große Rolle. Es ist nicht nur Tauschmittel, also ein Medium, dass uns erlaubt, zu kaufen, was wir im Leben brauchen, sondern: Geld hat neben der rein wirtschaftlichen Bedeutung auch eine psychosoziale Bedeutung. Geld steht für Erfolg, Sicherheit, Anerkennung, Macht und Lebensqualität. Auch seinen Selbstwert bindet der Mensch an das Geld. So gehen Menschen lieber für einen niedrigen Lohn arbeiten, als staatliche Unterstützung in Anspruch zu nehmen. Geld füllt nicht nur unseren Kühlschrank, sondern es hat auch viel mit Ehre und Bestätigung zu tun. Geld regiert eben die Welt!

Wie verhält sich aber diese Wahrheit, die wir nicht leugnen und nicht abstreiten können, mit der anderen Wahrheit: „Gott regiert die Welt!" Wer regiert denn nun: Gott oder Geld? Eine Frage, auf die wir als Christen eine Antwort brauchen und die sich jeder persönlich stellen muss! Die Bibel ist voll von Geschichten, in denen Geld eine wichtige Rolle spielt. So ist z.B. im Neuen Testament mehr von den Gefahren des Geldes die Rede als von Sexualität. Dennoch ist das Thema „Geld und Finanzen" in Gemeinden oft ein Tabu. Auf Fortbildungstagung sagte ein älterer Kollege: *„Ich würde niemals über Geld in der Gemeinde sprechen, weil das Thema zu emotional ist!"* Nun ich habe Respekt vor meinen älteren Kollegen, dennoch muss ich nicht alles für gut und richtig halten, was ich von ihnen höre. Denn ist nicht alles emotional besetzt, was uns in der Bibel begegnet? Die Frage nach unserer Schuld und unsere Vergangenheit? Die Frage nach dem blinden Fleck in unserem Leben? Die Frage nach unseren seelischen Verletzungen? Die Frage nach Vergebung? Ich glaube, es ist eine falsche Rücksicht, wenn heute nicht mehr über brisante Themen – wie Geld und Sexualität – gepredigt wird. Unsere Gesellschaft leidet ohnehin an einem biblischen Wahrheitsverlust, was immer mehr dazu führt, dass wir heute in Fragen der Ethik und Moral, soviel Irrungen und Verwirrungen erleben (aber das sei nur am Rande gesagt).

Den Text, den ich heute gern in den Mittelpunkt rücken möchte, steht im Buch Prediger 11,1-5 (LUT). Ihr werdet gleich sehen, dass es kein einschlägiger und typischer Text ist, den man vielleicht bei so einem Thema erwarten würde. Aber vielleicht hilft es auch, dann doch ein bisschen die emotionale Brille abzunehmen.

> *1 Lass dein Brot über das Wasser fahren; denn du wirst es finden nach langer Zeit.*
> *2 Verteil es unter sieben oder unter acht; denn du weißt nicht, was für Unglück auf Erden kommen wird.*
> *3 Wenn die Wolken voll sind, so geben sie Regen auf die Erde, und wenn der Baum fällt – er falle nach Süden oder Norden zu -, wohin er fällt, da bleibt er liegen.*
> *4 Wer auf den Wind achtet, der sät nicht, und wer auf die Wolken sieht, der erntet nicht.*
> *5 Gleichwie du nicht weißt, welchen Weg der Wind nimmt und wie die Gebeine im Mutterleibe bereitet werden, so kannst du auch Gottes Tun nicht wissen, der alles wirkt.*

Dieser Text erscheint fremd und wie aus einer anderen Welt. Und er ist auch nicht ganz einfach auszulegen. Dennoch enthält er für den Umgang mit unserem Geld eine wichtige Botschaft. Zunächst aber einige Bemerkungen zum Hintergrund des Textes:

Die Formulierung: *„sein Brot übers Wasser fahren lassen"* ist ein Fachausdruck aus der antiken Wirtschaftssprache! Es bezeichnet das Verhalten eines Kaufmanns, der z.B. Seehandel betreibt. Es geht darum, etwas zu unternehmen, Handel zu treiben, überseeische Beziehungen anzuknüpfen, etwas zu riskieren, auch wenn es sich erst nach langer Zeit rechnet. Der Vers ist ein *Aufruf zum Wagemut* und ein Aufruf zu *beherzter Initiative*! Die Wendung aus Vers 2, das Kapital auf sieben oder acht zu verteilen, meint dann, nicht alles auf eine Karte zu setzen und nicht nur auf ein Standbein in seinem Unternehmen zu achten. Da sich der Text wahrscheinlich auf den Seehandel bezieht, ist er als Rat zu verstehen, die zu transportierende Ladung nicht nur auf einem Schiff zu befördern, sondern in kluger Voraussicht auf mehrere zu verteilen.

Wir merken also schon, es geht hier in schillernden Bildern um die Unternehmenskunst – besser gesagt – um die Lebenskunst. Es geht um die Lebenskunst, Chancen und Risiken abzuwägen. Es geht um die richtige Mischung aus Wagemut und Initiative auf der einen Seite und vorausschauender Klugheit und Vorsicht auf der anderen Seite. Es geht um das Verhältnis zwischen bewusstem Loslassen und Anpacken, zwischen Gelassenheit und Initiative. Und das alles im Blick auf „das tägliche Brot", also unseren Lebensunterhalt – in unserem Zusammenhang: im Blick auf das Geld, das wir zum Leben brauchen.

1. „Lass dein Geld übers Wasser fahren": Loslassen und Gelassenheit

Um nun zu all dem eine Einstellung zu finden, die dem Charakter Gottes und seinem Willen entspricht, ist es nötig, neben den alttestamentlichen Worten, Worte von Jesus hinzuzuziehen. Jesus hat auffallend häufig über Geld gesprochen! Und will man seine Worte zum Thema „Geld" auf einen Nenner bringen, dann ergeben sich aufschlussreicherweise zwei Spannungspole. Auf der einen Seite steht das ermutigende Wort aus Lukas 16,9: *„Macht euch Freunde mit dem ungerechten Mammon[79]!"* Und auf der anderen Seite das eindringlich warnende Wort aus Matthäus 6,24: *„Niemand kann zwei Herren dienen: [...] Ihr könnt nicht Gott dienen und dem Mammon!"* Wenn wir beidem nicht dienen können, Gott und dem Geld – welche Haltung dem Geld gegenüber erwartet Jesus dann von seinen Nachfolgern?

Jesus möchte, dass wir alle Bereiche unseres Lebens ihm anvertrauen! Jesus nennt das Geld eine Macht – einen Herrn. Und ein Herr verträgt seinem Wesen nach keinen Konkurrenten! Deshalb kann Jesus auch sagen: *„Da wo dein Schatz ist, da ist dein Herz."* (Mt 6,21) Das bedeutet für uns: Nur weil wir uns zu Gott bekehrt haben, wird das Geld seine das Leben beherrschen wollende Rolle nicht einfach aufgeben! Denn das Geld ist eine Macht – es ist ein Herr! Die Macht des Geldes wird es immer wieder auf eine Kraftprobe in unserem Leben ankommen lassen. Die Frage dabei ist: Wer erweist sich als stärker? Wer verspricht größere Sicherheit? Wer verdient das stärkere Vertrauen? Wer regiert unser Leben? Gott oder das Geld?

Und genau an diesem Punkt, gibt uns unser Predigttext eine wunderbare Antwort: Lass dein Brot über das Wasser fahren! Oder anders gesagt: Lass dein Geld übers Wasser fahren! Es bedeutet ein konsequentes Loslassen. Loslassen oder Aufkündigen der Rolle, die das Geld auch im Leben von uns Christen liebend gern spielen möchte! *„Geld macht nicht glücklich"*, das können viele Menschen bejahen (auch die Reichsten der Reichen). *„Aber es beruhigt"*, fügen dann die meisten hinzu. Exakt darum aber geht es. Geld verspricht Sicherheit. Rentensicherheit und Zukunftssicherheit. Und an dieser

---
[79] Mammon: Aramäisches Fremdwort im Griechischen das Luxus und Reichtum bedeutet.

Stelle entbrennt der Kampf: Wovon versprechen wir uns Sicherheit? Vom Ende der Wirtschaftskrise und einem beginnendem Wirtschaftswachstum? Von stetig steigendem Wohlstand? Wovon versprechen wir uns Sicherheit? Welcher Regierungserklärung glauben wir? Der des Geldes oder der unseres heiligen Gottes?

2. „Lass dein [Geld] übers Wasser fahren": Anpacken und Initiative

Lass dein Brot übers Wasser fahren! Oder anders gesagt: Lass dein Geld übers Wasser fahren! Dieser Satz ist nicht nur eine Absage an das Sicherheitsversprechen des Geldes. Dieser Satz predigt zugleich eine Initiativ- und Investitionsbereitschaft (auch eine Investitionsbereitschaft in die Reich-Gottes-Arbeit). Investieren heißt erstmal weggeben. Investieren heißt auch: unser Geld arbeiten lassen. Investieren ins Reich Gottes heißt schließlich: unser Geld arbeiten lassen – nicht nur für unsere eigenen Bedürfnisse, sondern für übergeordnete Ziele Gottes und seines Reiches. Ein Ziel das größer als unser Leben und auch größer als unsere Gemeinde ist.

Geld ist ein wunderbarer Diener, aber ein schrecklicher Herr! Dem einen können wir folgen, von dem anderen müssen wir uns befreien. Das gelingt aber nur, wenn wir unser Geld vor allem mit Gott und seinem durch und durch freigiebigen Wesen in Beziehung setzen. Erst dann werden wir lernen, aus der Fülle Gottes zu denken. Aus der Fülle Gottes zu planen. Und aus der Fülle Gottes zu leben. – Und erst dann werden wir großzügig! Das schließt aber mit ein (und darin liegt die Herausforderung), das Geld (das wir haben und das wir gerne hätten) nicht nur in Beziehung zu uns zu setzen. Denn dann denken, planen und leben wir nur von unseren Mangel-Erfahrungen her und werden niemals genug haben!

Ihr Lieben, wenn Gott regiert, wenn wir das wirklich glauben, dann dürfen wir ihn auch über unser Portemonnaie regieren lassen. Dag Hammarskyöld (ehem. UNO-Generalsekretär und schwedischer Finanzminister in den 60igern) schreibt in seinem Tagebuch: *„Das Seil über den Abgrund wird von denen gespannt, die es am Himmel festmachen."* Was trägt „über den Abgrund" in finanziell und wirtschaftlich unsicheren Zeiten? Spanne ein Seil! Ein Seil ist kein bequemer Laufsteg und schon gar keine Schnellstraße zum Erfolg. Aber es ist ein haltbares Seil! Ein Seil mit dessen Hilfe wir hangeln und balancieren können, auch über Abgründe. Denn das Seil hält. Aber nur dann, wenn wir es an der richtigen Stelle befestigen. Wenn wir uns Sicherheit allein vom Geld versprechen, dann hängt unser Glaubens- und Lebensseil an einem brüchigen Haken (das haben wir alle in der letzten Finanzkrise gelernt).

Lass dein Geld übers Wasser fahren und mach dein Seil am Himmel fest! Gott wird keinen von uns im Stich lassen, aber nur wenn wir uns auf ihn verlassen. Denn Gott nahe zu sein (so wie es uns durch die Jahreslosung 2014 verheißen ist), ist unser Glück! Ich möchte dir eine abschließende Frage stellen: Hat Gott dich in der Vergangenheit immer versorgt, so dass du immer genügend hattest zum Leben? Glaubst du, dass Gott dich auch in Zukunft versorgen wird, und du immer genügend zum Leben haben wirst? Dann lass dich von Gott auch im Hier und Jetzt versorgen! Denn er regiert!

Amen.

Gott zählt nicht, Gott wiegt!
(Markus 12,41-44)

Liebe Gemeinde, ich möchte meine Predigt heute mit einem Satz eröffnen, der auf den ersten Blick vielleicht etwas ketzerisch erscheint, aber eben auch eine Wahrheit beinhaltet. Gemeinde Jesu lebt nicht vom Gebet allein! Wie ist nun dieser Satz zu verstehen?

Diejenigen unter Euch, die mich schon etwas länger kennen, erinnern sich vielleicht an einen meiner Lieblingssätze. Ein Satz, der für mich so etwas wie ein geistliches Gesetz ist: *„Gebet ist nicht alles, aber ohne Gebet ist alles nichts!"* Das Gebet ist eine Tat, die durch nichts auf dieser Welt ersetzt werden kann. Ohne Gebet ist alles nichts. Auch wenn auf dem zweiten Teil des Satzes der Schwerpunkt und das ganze Gewicht liegen, so hat aber auch der erste Teil des Satzes seine Berechtigung! *„Gebet ist nicht alles..."* Das Reich Gottes ist keine nur *rein geistliche* Größe! Das Reich Gottes ist vor allem eine *geistliche* Größe. *„Denn das Reich Gottes steht nicht in Worten, sondern in Kraft."* (1.Kor 4,20) Dennoch ist das Reich Gottes keine nur *rein geistliche* Größe! Das bedeutet, dass Gebet wichtig ist, es ist sehr wichtig, es ist das Wichtigste überhaupt.

> Auch eine Gemeinde, die älter wird und in ihrer Mitarbeit vielleicht nicht mehr so aufgestellt ist, wie es früher einmal war, kann in der Mitarbeit eine ganz wichtige Funktion übernehmen. Denn sie kann beten! Beten für die Verkündigung, die Leitung, für die aktiven Mitarbeiter, für die Kranken, die Kinder, für die Zukunft der Gemeinde, um geistlichen Schutz und auch für ganz praktische Bewahrung der Gemeinde.

Und doch, und jetzt komm ich zu meinem provokativen Satz vom Anfang zurück: *„Gemeinde Jesu lebt nicht vom Gebet allein!"* Das Gebet ist wichtig, aber das Gebet allein ersetzt keine Tat! Jesus hat das einmal sehr pointiert gesagt: *„Was ihr nicht getan habt einem von diesen Geringsten, das habt ihr mir auch nicht getan."* (Mt 25,45) Das Gebet ist wichtig, aber auch Barmherzigkeit, politisches Engagement, Diakonie, Geld- und Sachspenden sind bedeutungsvoll. Auch davon lebt Gemeinde Jesu. Wenn es um das Thema „Geben" speziell um das Thema „Geld Geben" geht, dann spricht man oft vom „biblischen Zehnten" bzw. man kommt an diesem Thema nicht vorbei. Unter dem „Zehnten" versteht man im Allgemeinen die Abgabe des zehnten Teils von Ernteerzeugnissen. Eine Praxis, die im alten Israel gewissermaßen das wirtschaftliche Fundament des ganzen Staates gewesen ist. Man bestritt aus den Gaben des zehnten Teils die Finanzierung des Tempels, den Unterhalt der Priester und Tempeldiener, die Organisation und Umsetzung der Feierlichkeiten und Opferfeste und die Versorgung der Armen und Ärmsten. Der „biblische Zehnte" hatte die Funktion einer Steuer und war eine bindende und zwingende finanzielle Abgabe! Ihr Lieben, wenn wir über ein so großes, herausforderndes und auch emotionales Thema, wie das „Geben" sprechen dann müssen wir das theologisch Verantwortbar tun.

Das bedeutet zunächst, dass dieses Thema nur ganzheitlich angegangen werden kann. Für Christen ist die Bibel die „normierende Norm" in allen Fragen der Unterweisung und der Erkenntnis. Das allein zu wissen reicht aber nicht aus! Die Frage ist, wie wir die Bibel in ihren unterschiedlichen Bezügen (Ansprüchen und Zusprüchen) denn verstehen können. Was an dieser Stelle notwendig ist, ist ein Schlüssel! Ein Schlüssel, der uns den richtigen Zugang zum Verstehen der Schrift gibt! Diesen Schlüssel hält jeder Christ in seiner Hand, denn der *Schlüssel ist Christus*! Jesus Christus ist die Mitte der Schrift. Die ganze biblische Heilsgeschichte läuft auf diese Mitte (Jesus Christus) zu – um dann von dieser Mitte (Jesus Christus) aus wieder wegzulaufen. Aus diesem Grund möchte ich mich dem Thema auch nicht aus dem Alten Testament heraus nähern, sondern aus dem Neuen Testament – aus der Mitte der Schrift. Die wichtigste Frage (und das ist gewissermaßen der Prüfstein für alle Fragen der Erkenntnis), ist die Frage (wir kennen sie von Luther): *„Was Christum treibet"*! Also die wichtige Frage: Wie geht Jesus damit um? Und die Frage an uns: Was hat Jesus darüber gelehrt? Jesus hat die Thematik des „Gebens" nicht am biblischen Zehnten festgemacht, sondern Jesus hat die Thematik des „Gebens" an zwei Kupfermünzen entfaltet.

Ich lese uns den Predigttext aus dem Markus-Evangelium 12,41-44 (NGÜ):

> 41 Jesus setzte sich in die Nähe des Opferkastens und sah zu, wie die Leute Geld hineinwarfen. Viele Reiche gaben große Summen.
> 42 Doch dann kam eine arme Witwe und warf zwei kleine Kupfermünzen hinein (das entspricht ‚etwa' einem Groschen).
> 43 Da rief Jesus seine Jünger zu sich und sagte:
> *„Ich versichere euch: Diese arme Witwe hat mehr in den Opferkasten gelegt als alle anderen. 44 Sie alle haben von ihrem Überfluss gegeben; diese Frau aber, so arm sie ist, hat alles gegeben, was sie besaß – alles, was sie zum Leben nötig hatte."*

Es ist nicht nur wichtig wahrzunehmen, „Was" irgendwo steht, sondern auch wahrzunehmen, „Wo" etwas steht. Denn auch der Kontext „Wo" und in welchem Zusammenhang etwas steht, sagt etwas über die Wichtigkeit des Inhalts aus. Die beiden Klammern, die unseren Text umschließen: Auf der einen Seite finden wir Jesu Ausführungen über das höchste und wichtigste Gebot. Nämlich Gott von ganzem Herzen lieben und seinen Nächsten lieben, wie sich selbst. Und dazu noch die gewürzte Warnung vor der Gesetzlichkeit der Pharisäer. Auf der anderen Seite finden wir Jesu Rede über die Endzeit. Die Aussagen über das Ende des Tempels und das Ende der Welt. Und mittendrinn steht dieser kleine Abschnitt über die arme Witwe!

1. Beobachtung: Jesus sitzt am Opferkasten und schaut hin!

Es gab im Tempel-Vorhof einen Ort, an dem 13 trompetenförmige Kollekten-Körbe nebeneinander standen (ähnlich einem Grammophon) – wie das wirklich ausgesehen hat, wissen wir nicht.

Das Besondere ist nun, dass Jesus das Treiben an diesem Opferkasten aufmerksam studierte! Jesus schaute nicht verlegen zur Seite, so als wäre er in den Privatbereich eines anderen eingedrungen. Nein, Jesus schaute hin, und betrachtete das Geben offenbar als öffentliche Angelegenheit. Und das, was er sah, ist Folgendes: Viele Reiche gaben große Summen! *„Viele Reiche"* ... Jesus muss also eine ganze Weile dort gesessen haben. Dann aber passiert etwas, was Jesu ganze Aufmerksamkeit in Anspruch nahm! Eine arme Witwe legte zwei Kupfermünzen in den Kollekten-Kasten! *„Eine arme Witwe"*... zwischen den vielen Reichen. Und es kam noch besser, denn Jesus rief seine Jünger zu sich. Er verließ nicht etwa den Ort um seine Jünger aufzusuchen, sondern er rief sie zu sich an die Stelle der Opferkästen ... um anschließend über das Geben zu lehren!

2. Beobachtung: Gott „zählt" nicht, sondern Gott „wiegt"!

Jesus sprach zu seinen Jüngern folgende Worte: *„Ich versichere euch: Diese arme Witwe hat mehr in den Opferkasten gelegt als alle anderen. Sie alle haben von ihrem Überfluss gegeben; diese Frau aber, so arm sie ist, hat alles gegeben, was sie besaß – alles, was sie zum Leben nötig hatte."* Wenn wir diese Worte auf uns Wirken lassen, dann wird schnell klar, wer hier der „Gewinner" und wer der „Verlierer" war. Ich finde es ehrlich gesagt ziemlich drastisch, das Jesus nicht einmal mit einer kleinen Anerkennung die großen Summen der Reichen würdigte, sondern lediglich sagte, sie hätten doch nur von ihrem Überfluss gegeben. Große Geld-Summen allein finden bei Gott keine Anerkennung, denn Gott „zählt" nicht! Alle drei Stellen im Neuen Testament, die den Zehnten thematisieren, sind (gelinde gesagt) eher Negativ-Beispiele. Jesus protestiert sogar gegen den formalen Zehnten und die heuchlerische Einhaltung, die nur auf die äußere Form achtet: *„Weh euch, Schriftgelehrte und Pharisäer, ihr Heuchler, die ihr den Zehnten gebt von Minze, Dill, und Kümmel und lasst das Wichtigste im Gesetz beiseite, nämlich das Recht, die Barmherzigkeit und den Glauben!"* (Mt 23,23)

Wir erinnern uns an die äußere Klammer, von der ich gesprochen habe. Das wichtigste Gebot für Jesus ist es, Gott zu lieben und seinen Nächsten zu lieben. Für Jesus ging es nie um formale Richtigkeiten (also das, worauf die Pharisäer so ein Wert legten), sondern Jesus ging es immer um informelle Wichtigkeiten! Eine Wichtigkeit, die allein darin besteht, in einer lebendigen Gottesbeziehung zu stehen – und in einer Abhängigkeit zu IHM zu leben. Der Ort, an dem die eigentliche Erfüllung des Gesetzes stattfindet, ist das Herz. Und genau aus diesem Grund schreibt der Apostel Paulus im 2. Korintherbrief (9,7) zum Thema „Geben": *„Ein jeder, wie er`s sich im Herzen vorgenommen hat, nicht mit Unwillen oder aus Zwang; denn einen fröhlichen Geber hat Gott lieb."*

Gott zählt nicht, sondern Gott wiegt! Gott zählt nicht unsere Gaben und Gott zählt nicht unser Geld, sondern Gott wiegt unsere Motive. Was Jesus an der armen Witwe gewogen hat, ist die Hingabe der Frau. Selbstverständlich hat sie viel weniger als die Reichen gegeben. Ein Witz. Ein Scherz. Zwei Kupfermünzen. Zwei *Lepta*. Ein *Lepton* war die kleinste jüdische Bronzemünze, die in ganz Palästina im Umlauf war. Vom Geldwert war es nur sehr wenig, und doch hat die armselige Gabe der Witwe die Gaben der Reichen bei weitem übertroffen. Gott zählt nicht unsere Gaben und Gott zählt nicht unser Geld, sondern Gott wiegt unsere Gaben nach unseren Motiven. Besonders drastisch (gegenüber den vielen Reichen) ist, dass sie alles gab. Sie hätte doch eine Münze behalten können oder behalten müssen? Wie würde man diese Witwe heute kritisieren, hat sie doch überhaupt nicht für die Zukunft vorgesorgt! Die arme Witwe gab alles und drückte damit aus, dass alles dem Herrn gehört – dass sie nichts besitzt, sondern allenfalls verwaltet! Zwei Beobachtungen an einem Bibeltext, die für unseren kleinlichen Umgang mit Geld, so etwas wie ein Schlag ins Gesicht sind.

Welche Schlüsse ziehen wir aus den Beobachtungen? Zunächst müssen wir einmal festhalten: Christen sind nicht abgabepflichtig! Die ersten Christen haben ganz bewusst keinen Zehnten gegeben/erwartet. Sie taten es vor allem deshalb nicht, um den Unterschied zwischen altem und neuem Bund auch tatsächlich zu leben. Denn Christen sind frei von jeder gesetzlichen Verordnung. Für die ersten Christen war der Zehnte ein *Notbehelf für die Schwachen*, die sich nur schwer von ihren Gütern trennen konnten! Tatsächlich gaben die ersten Christen weit mehr als nur den Zehnten. Zachäus gab nach seiner Bekehrung die Hälfte seines Besitzes (Lk 19,1-10). Die arme Witwe gab alles (Mk 12,41-44). Und: Die ersten Gemeinden lebten Gütergemeinschaft (Apg 2,45). Bedeutsam ist dabei folgender Vers (Apg 4,32): *„Auch nicht einer sagte von seinen Gütern, dass sie sein wären, sondern es war ihnen alles gemeinsam."* Ihr Lieben, Christen sind nicht Abgabepflichtig, sondern Hingabepflichtig! Zu den mit Abstand wichtigsten, provokantesten und herausforderndsten Weisungen Jesu, gehört der Vers (Mt 6,33): *„Trachtet zuerst nach dem Reich Gottes und nach seiner Gerechtigkeit, so wird euch das alles zufallen."* Sätze wie: *„Ich kaufe mir ein neues Sofa, für die Jugendgruppe ist das alte noch gut genug"* oder: *„Ich kaufe mir neues Geschirr, da kann ich das Alte ja der Gemeinde spenden"*, sollten der Vergangenheit angehören. Es ist nicht zulässig und theologisch auch nicht verantwortbar, wenn wir zuhause besser leben als in der Gemeinde!

Die Frage die sich aus diesen Beobachtung ableiten lässt, lautet daher nicht mehr: Können wir es uns leisten, 10 Prozent unseres Eigentums an Gott abzugeben, sondern können wir es uns leisten, 90 Prozent von Gottes Eigentum für uns zu behalten? Interessanterweise hat man in den USA festgestellt, dass etwa 80 bis 90 Prozent aller Kirchen, in denen der Zehnte ausdrücklich gepredigt wird, die größten Finanzprobleme haben! Wenn wir als Christen schon über Geld reden wollen, dann müssen wir notwendiger Weise auch die zwei existierenden Herrschaftsbereiche unterscheiden:

Das Reich Gottes	„Das Weltsystem"
Angewandtes Wirtschaftssystem: **Geben und Empfangen**	Angewandtes Wirtschaftssystem: **Kaufen und Verkaufen**

Während Wachstum im „Weltsytem" nur durch Addition oder prozentuale Steigerung entsteht, geht Wachstum in der „Ökonomie Gottes" durch Multiplikation hervor. Das kann dazu führen, dass die Größe eines Ergebnisses auf wunderbare Weise die Saat bei Weitem übertrifft. Dort, wo der Zehnte nur eine Formalie und damit ein berechnender Faktor X ist, dort wird er auch kein Garant für finanzielle Stabilität sein. Ein Geben ohne die entsprechende Herzenshaltung, so sagt es der Apostel Paulus, ist *„nichts* *nütze"* (1. Kor 13,3). Ihr Lieben, Christen sind nicht Abgabepflichtig, sondern Hingabepflichtig! *"Trachtet zuerst nach dem Reich Gottes und nach seiner Gerechtigkeit, so wird euch das alles zufallen."* (Mt 6,33) Es gibt so etwas wie einen positiven Tun-Ergehen-Zusammenhang. Angefangen beim Propheten *Maleachi*, wo Gott sagt: *„Gebt und prüft mich – ob ich nicht des Himmel Fenster auftun werde und Segen herabschütten die Fülle"*! (Mal 3,10) Wir finden die Verheißungen von Geben und Empfangen aber auch im Neuen Testament: *„Gebt, so wird euch gegeben. Ein volles, gedrücktes, gerütteltes und überfließendes Maß wird man in euren Schoß geben; denn eben mit dem Maß, mit dem ihr messt, wird man euch wieder messen."* (Lk 6,38) *„Wer da kärglich sät, der wird auch kärglich ernten; und wer da sät im Segen, der wird auch ernten im Segen."* (2. Kor 9,6) Investitionen ins Reich Gottes sind niemals Fehlinvestitionen. Denn Gott lässt sich nichts schenken. Wer empfängt, der gibt. Und wer gibt, der empfängt!

Die Frage, die jetzt vielleicht noch im Raum steht: Sollen wir etwa alle wie die arme Witwe handeln? Nun, damit wäre niemanden geholfen! Es geht in dem Text auch nicht so sehr um eine allgemeine Handlungsanweisung, sondern eher um ein Nachdenken darüber, *dass Gott nicht zählt, sondern wiegt* und, dass unsere Antwort an Gott nicht Abgabe sondern Hingabe lautet! Wer es noch praktischer möchte: Einer unserer Vorfahren, der Baptist *Paul Fehlhaber* hat einmal auf einer Vereinigungskonferenz (1909) in Brandenburg gesagt: „[Es] sollte jeder seine bestimmte Summe dem Herrn geben. Richtig ist das regelmäßige Geben, weil des Herrn Sache regelmäßig wiederkehrende Ausgaben hat."

Es gehört zum Verständnis der Bibel, dass sich auch im Alten Testament Strukturen finden, die an göttlicher Weisheit bis heute nichts verloren haben. Das heißt, auch alttestamentliche Strukturen können zur Orientierung nach dem Wort Gottes werden, wenn wir sie bedenken und aus der *Mitte der Schrift* (Evangeliums gemäß) aktualisieren. Damit aber ist der biblische Zehnte so etwas wie eine „Gehhilfe"! Der biblische Zehnte ist keine dogmatische *Vor*schreibung, sondern eine heilsame *Be*schreibung! Er ist damit eine sinnvolle Orientierung. Gemeinde Jesu lebt nicht vom Gebet allein – und doch Gott sei Dank – Gemeinde Jesu lebt auch nicht vom Geld allein! In diesem Sinne: *„Ein jeder, wie er`s sich im Herzen vorgenommen hat, nicht mit Unwillen oder aus Zwang; denn einen fröhlichen Geber hat Gott lieb."* (2.Kor 9,7)

Amen.

Literaturverzeichnis

Dziewas, Ralf: Warum Gemeinden sich verändern. Theologische und soziologische Überlegungen zur Wandlungsfähigkeit von Ortsgemeinden im Kongregationalismus, in: Haubeck, Wilfried / Heinrichs, Wolfgang (Hg.): Gemeinde der Zukunft. Zukunft der Gemeinde. Aktuelle Herausforderungen der Ekklesiologie [Theologische Impulse 22], Witten 2011, 105-137.

Fehlhaber, [Vorname unbekannt]: Des Christen Stellung zum irdischen Gut, Bericht über die fünfte Konferenz der Brandenburgischen Vereinigung ... 1909, Kassel 1909, 9-12.

Foster, Richard: Geld, Sex und Macht. Die Realitäten unseres Lebens unter der Herrschaft Christi, Wuppertal 1987.

Giudici, Thomas und Simson Wolfgang: Der Preis des Geldes. Wege zur finanziellen Freiheit, Moers 2005.

Hegermann, Harald: Der Brief an die Hebräer, ThHK 16 (1988) 152.

Hill, Craig und Pitts Earl: Mäuse, Motten & Mercedes. Biblische Prinzipien für den Umgang mit Geld, Gießen ^{3}2006.

Huxtable, John: Art. Kongregationalismus: TRE 19 (1990), 452-462).

Kessler, Rainer: Reichtum (AT), http://www.bibelwissenschaft.de/wibilex/das-bibellexikon/lexikon/sachwort/anzeigen/details/reichtum-at-3/ch/44b1b73d8bf3eea3037237c8965fb6d3/ [aufgerufen am: 17.01.2014 um: 14.10 Uhr].

Körting, Corinna: Art. Zehnt I. Altes und Neues Testament: TRE 36 (2004), 488-490.

Lachmann, Werner: Geld – und wie man damit umgeht, Gießen 1989.

Laubach, Fritz: Der Brief an die Hebräer, in: Wuppertaler Studienbibel, hg. v. Werner de Boor und Adolf Pohl, Wuppertal ^{6}1979, 144.

Leonhard, Clemens: Art. Zehnt II. Judentum: TRE 36 (2004), 490-495.

Leonhardt, Rochus: Grundinformation Dogmatik, Göttingen ^{4}2009.

Leitbild des Bundes Evangelisch-Freikirchlicher Gemeinden, in: Rechenschaft vom Glauben, hg. v. Bund Evangelisch-Freikirchlicher Gemeinden K.d.ö.R., Kassel 2009, 36.

Ordnung der Evangelisch-Freikirchlichen Gemeinde Neubrandenburg [§3(8)], hg. v. Evangelisch-Freikirchliche Gemeinde Neubrandenburg, Neubrandenburg 2012, (unveröffentlicht).

Rohde, Michael: Wenn plötzlich Geld auftaucht und ein Priester vorbeikommt. Alttestamentliche Impulse zum Umgang mit Geld, Bewerbungsverfahren und Hauptamtlichen aufgrund von Ri 17,1-13, ThGespr Beiheft 11 (2009) 6-17.

Schaper, Joachim: Kult und Geld im Deuteronomium, JBTh 21 (2006) 45-54.

Schnelle, Udo: Einführung in die neutestamentliche Exegese, Göttingen ^{6}2005.

Stiegler, Stefan: Der biblische Zehnte als Hintergrund freikirchlicher Gemeindefinanzierung, ThGespr 28 (2004) 47-62.

Stöhr, Martin: Art. Gesetz und Evangelium: Evangelisches Kirchenlexikon (EKL), Göttingen, Bd. 2 (1989) 149-153.

Strohm, Christoph: Art. Zehntabgaben: RGG^4 8 (2005) 1791-1794.

Swarat, Uwe: Fachwörterbuch für Theologie und Kirche, Wuppertal ^{3}2005.

Tabuthema Gehalt: Über Geld spricht man nicht, http://www.spiegel.de/unispiegel/jobundberuf/tabuthema-gehalt-ueber-geld-spricht-man-nicht-a-652626.html [aufgerufen am: 15.01.2014 um: 16.25 Uhr].

Theologische Realenzyklopädie (Autor aufgrund eines Kopierfehlers unbekannt!): Art. Zehnt III. Kirchengeschichtlich: TRE 36 (2004), 495-503.

Vieweger, Hans-Joachim: Geld ist wie Meerwasser: idea Spektrum (Nr.27), Wetzlar 2013, 16.

Wahl, Heribert: Art. Neurose: Evangelisches Kirchen Lexikon (EKL), Göttingen, Bd. 3 (1992) 683-686.

Printed by Books on Demand GmbH, Norderstedt / Germany